心一堂術數古籍珍本叢刊

書名：樂吾隨筆之一——《命理一得》《姑妄言之（一）》
系列：心一堂術數古籍珍本叢刊　星命類　第三輯　301
作者：【民國】徐樂吾
主編、責任編輯：陳劍聰
心一堂術數古籍珍本叢刊編校小組：陳劍聰　素聞　鄒偉才　虛白盧主

出版：心一堂有限公司
通訊地址：香港九龍旺角彌敦道六一〇號荷李活商業中心十八樓〇五—〇六室
深港讀者服務中心：中國深圳市羅湖區立新路六號羅湖商業大厦負一層〇〇八室
電話號碼：(852)9027-7110
網址：publish.sunyata.cc
電郵：sunyatabook@gmail.com
網店：http://book.sunyata.cc
淘寶店地址：https://shop210782774.taobao.com
微店地址：https://weidian.com/s/1212826297
臉書：https://www.facebook.com/sunyatabook
讀者論壇：http://bbs.sunyata.cc/

版次：二零一九年十一月初版
平裝

定價：港幣　九十八元正
　　　新台幣　三百九十八元正

國際書號：ISBN 978-988-8583-00-3

香港發行：香港聯合書刊物流有限公司
地址：香港新界大埔汀麗路36號中華商務印刷大廈3樓
電話號碼：(852)2150-2100
傳真號碼：(852)2407-3062
電郵：info@suplogistics.com.hk

台灣發行：秀威資訊科技股份有限公司
地址：台灣台北市內湖區瑞光路七十六巷六十五號一樓
電話號碼：+886-2-2796-3638
傳真號碼：+886-2-2796-1377
網絡書店：www.bodbooks.com.tw
台灣秀威書店讀者服務中心：
地址：台灣台北市中山區松江路二〇九號一樓
電話號碼：+886-2-2518-0207
傳真號碼：+886-2-2518-0778
網絡書店：http://www.govbooks.com.tw

中國大陸發行　零售：深圳心一堂文化傳播有限公司
深圳地址：深圳市羅湖區立新路六號羅湖商業大厦負一層〇〇八室
電話號碼：(86)0755-82224934

心一堂微店二維碼

心一堂淘寶店二維碼

心一堂術數古籍 珍本 整理 叢刊 總序

術數定義

術數，大概可謂以「推算（推演）、預測人（個人、群體、國家等）、事、物、自然現象、時間、空間方位等規律及氣數，並或通過種種『方術』，從而達致趨吉避凶或某種特定目的」之知識體系和方法。

術數類別

我國術數的內容類別，歷代不盡相同，例如《漢書・藝文志》中載，漢代術數有六類：天文、曆譜、五行、蓍龜、雜占、形法。至清代《四庫全書》，術數類則有：數學、占候、相宅相墓、占卜、命書、相書、陰陽五行、雜技術等，其他如《後漢書・方術部》、《藝文類聚・方術部》、《太平御覽・方術部》等，對於術數的分類，皆有差異。古代多把天文、曆譜、及部分數學均歸入術數類，而民間流行亦視傳統醫學作為術數的一環；此外，有些術數與宗教中的方術亦往往難以分開。現代民間則常將各種術數歸納為五大類別：命、卜、相、醫、山，通稱「五術」。

本叢刊在《四庫全書》的分類基礎上，將術數分為九大類別：占筮、星命、相術、堪輿、選擇、三式、讖諱、理數（陰陽五行）、雜術（其他）。而未收天文、曆譜、算術、宗教方術、醫學。

術數思想與發展——從術到學，乃至合道

我國術數是由上古的占星、卜筮、形法等術發展下來的。其中卜筮之術，是歷經夏商周三代而通過「龜卜、蓍筮」得出卜（筮）辭的一種預測（吉凶成敗）術，之後歸納並結集成書，此即現傳之《易

經》。經過春秋戰國至秦漢之際，受到當時諸子百家的影響、儒家的推崇，遂有《易傳》等的出現，原本是卜筮術書的《易經》，被提升及解讀成有包涵「天地之道（理）」之學。因此，《易・繫辭傳》曰：「易與天地準，故能彌綸天地之道。」

漢代以後，易學中的陰陽學說，與五行、九宮、干支、氣運、災變、律曆、卦氣、讖緯、天人感應說等相結合，形成易學中象數系統。而其他原與《易經》本來沒有關係的術數，如占星、形法、選擇，亦漸漸以易理（象數學說）為依歸。《四庫全書・易類小序》云：「術數之興，多在秦漢以後。要其旨，不出乎陰陽五行，生尅制化。實皆《易》之支派，傳以雜說耳。」至此，術數可謂已由「術」發展成「學」。

及至宋代，術數理論與理學中的河圖洛書、太極圖、邵雍先天之學及皇極經世等學說給合，通過術數以演繹理學中「天地中有一太極，萬物中各有一太極」（《朱子語類》）的思想。術數理論不單已發展至十分成熟，而且也從其學理中衍生一些新的方法或理論，如《梅花易數》、《河洛理數》等。

在傳統上，術數功能往往不止於僅僅作為趨吉避凶的方術，及「能彌綸天地之道」的學問，亦有其「修心養性」的功能，「與道合一」（修道）的內涵。《素問・上古天真論》：「上古之人，其知道者，法於陰陽，和於術數。」數之意義，不單是外在的算數、歷數、氣數，而是與理學中同等的「道」、「理」——心性的功能，北宋理氣家邵雍對此多有發揮：「聖人之心，是亦數也」、「萬化萬事生乎心」、「心為太極」。《觀物外篇》：「先天之學，心法也。……蓋天地萬物之理，盡在其中矣，心一而不分，則能應萬物。」反過來說，宋代的術數理論，受到當時理學、佛道及宋易影響，認為心性本質上是等同天地之太極。天地萬物氣數規律，能通過內觀自心而有所感知，即是內心也已具備有術數的推演及預測、感知能力；相傳是邵雍所創之《梅花易數》，便是在這樣的背景下誕生。

《易・文言傳》已有「積善之家，必有餘慶；積不善之家，必有餘殃」之說，至漢代流行的災變說及讖緯說，我國數千年來都認為天災，異常天象（自然現象），皆與一國或一地的施政者失德有關；下至家族、個人之盛衰，也都與一族一人之德行修養有關。因此，我國術數中除了吉凶盛衰理數之外，人心的德行修養，也是趨吉避凶的一個關鍵因素。

術數與宗教、修道

在這種思想之下，我國術數不單只是附屬於巫術或宗教行為的方術，又往往是一種宗教的修煉手段--通過術數，以知陰陽，乃至合陰陽（道）。「其知道者，法於陰陽，和於術數。」例如，「奇門遁甲」術中，即分為「術奇門」與「法奇門」兩大類。「法奇門」中有大量道教中符籙、手印、存想、內煉的內容，是道教內丹外法的一種重要外法修煉體系。甚至在雷法一系的修煉上，亦大量應用了術數內容。此外，相術、堪輿術中也有修煉望氣（氣的形狀、顏色）的方法；堪輿家除了選擇陰陽宅之吉凶外，也有道教中選擇適合修道環境（法、財、侶、地中的地）的方法，以至通過堪輿術觀察天地山川陰陽之氣，亦成為領悟陰陽金丹大道的一途。

易學體系以外的術數與的少數民族的術數

我國術數中，也有不用或不全用易理作為其理論依據的，如揚雄的《太玄》、司馬光的《潛虛》。也有一些占卜法、雜術不屬於《易經》系統，不過對後世影響較少而已。

外來宗教及少數民族中也有不少雖受漢文化影響（如陰陽、五行、二十八宿等學說。）但仍自成系統的術數，如古代的西夏、突厥、吐魯番等占卜及星占術，藏族中有多種藏傳佛教占卜術、苯教占卜術、擇吉術、推命術、相術等；北方少數民族有薩滿教占卜術；不少少數民族如水族、白族、布朗族、佤族、彝族、苗族等，皆有占雞（卦）草卜、雞蛋卜等術，納西族的占星術、占卜術，彝族畢摩的推命術、占卜術……等等，都是屬於《易經》體系以外的術數。相對上，外國傳入的術數以及其理論，對我國術數影響更大。

曆法、推步術與外來術數的影響

我國的術數與曆法的關係非常緊密。早期的術數中，很多是利用星宿或星宿組合的位置（如某星在某州或某宮某度）付予某種吉凶意義，并據之以推演，例如歲星（木星）、月將（某月太陽所躔之宮次）等。不過，由於不同的古代曆法推步的誤差及歲差的問題，若干年後，其術數所用之星辰的位置，已與真實星辰的位置不一樣了；此如歲星（木星），早期的曆法及術數以十二年為一周期（以應地支），與木星真實周期十一點八六年，每幾十年便錯一宮。後來術家又設一「太歲」的假想星體來解決，是歲星運行的相反，週期亦剛好是十二年。而術數中的神煞，很多即是根據太歲的位置而定。又如六壬術中的「月將」，原是立春節氣後太陽躔娵訾之次而稱作「登明亥將」，至宋代，因歲差的關係，要到雨水節氣後太陽才躔娵訾之次，當時沈括提出了修正，但明清時六壬術中「月將」仍然沿用宋代沈括修正的起法沒有再修正。

由於以真實星象周期的推步術是非常繁複，而且古代星象推步術本身亦有不少誤差，大多數術數除依曆書保留了太陽（節氣）、太陰（月相）的簡單宮次計算外，漸漸形成根據干支、日月等的各自起例，以起出其他具有不同含義的眾多假想星象及神煞系統。唐宋以後，我國絕大部分術數都主要沿用這一系統，也出現了不少完全脫離真實星象的術數，如《子平術》、《紫微斗數》、《鐵版神數》等。後來就連一些利用真實星辰位置的術數，如《七政四餘術》及選擇法中的《天星選擇》，也已與假想星象及神煞混合而使用了。

隨着古代外國曆（推步）、術數的傳入，如唐代傳入的印度曆法及術數，元代傳入的回回曆等，其中我國占星術便吸收了印度占星術中羅睺星、計都星等而形成四餘星，又通過阿拉伯占星術而吸收了其中來自希臘、巴比倫占星術的黃道十二宮、四大（四元素）學說（地、水、火、風），並與我國傳統的二十八宿、五行說、神煞系統並存而形成《七政四餘術》。此外，一些術數中的北斗星名，不用我國傳統的星名：天樞、天璇、天璣、天權、玉衡、開陽、搖光，而是使用來自印度梵文所譯的：貪狼、巨門、祿存、文曲，廉貞、武曲、破軍等，此明顯是受到唐代從印度傳入的曆法及占星術所影響。如星命術中的《紫微斗數》及堪輿術中的《撼龍經》等文獻中，其星皆用印度譯名。及至清初《時憲曆》，置閏之法則改用西法「定氣」。清代以後的術數，又作過不少的調整。

此外，我國相術中的面相術、手相術，唐宋之際受印度相術影響頗大，至民國初年，又通過翻譯歐西、日本的相術書籍而大量吸收歐西相術的內容，形成了現代我國坊間流行的新式相術。

陰陽學——術數在古代、官方管理及外國的影響

術數在古代社會中一直扮演着一個非常重要的角色，影響層面不單只是某一階層、某一職業、某一年齡的人，而是上自帝王，下至普通百姓，從出生到死亡，不論是生活上的小事如洗髮、出行等，大事如建房、入伙、出兵等，從個人、家族以至國家，從天文、氣象、地理到人事、軍事，從民俗、學術到宗教，都離不開術數的應用。我國最晚在唐代開始，已把以上術數之學，稱作陰陽（學），行術數者稱陰陽人。（敦煌文書、斯四三二七唐《師師漫語話》：「以下說陰陽人謾語話」，此說法後來傳入日本，今日本人稱行術數者為「陰陽師」）。一直到了清末，欽天監中負責陰陽術數的官員中，以及民間術數之士，仍名陰陽生。

古代政府的中欽天監（司天監），除了負責天文、曆法、輿地之外，亦精通其他如星占、選擇、堪輿等術數，除在皇室人員及朝庭中應用外，也定期頒行日書、修定術數，使民間對於天文、日曆用事吉凶及使用其他術數時，有所依從。

我國古代政府對官方及民間陰陽學及陰陽官員，從其內容、人員的選拔、培訓、認證、考核、律法監管等，都有制度。至明清兩代，其制度更為完善、嚴格。

宋代官學之中，課程中已有陰陽學及其考試的內容。（宋徽宗崇寧三年〔一一零四年〕崇寧算學令：「諸學生習……並曆算、三式、天文書。」「諸試……三式即射覆及預占三日陰陽風雨。天文即預

定一月或一季分野災祥，並以依經備草合問為通。」

金代司天臺，從民間「草澤人」（即民間習術數人士）考試選拔：「其試之制，以《宣明曆》試推步，及《婚書》、《地理新書》試合婚、安葬，並《易》筮法，六壬課、三命、五星之術。」（《金史》卷五十一・志第三十二・選舉一）

元代為進一步加強官方陰陽學對民間的影響、管理、控制及培育，除沿襲宋代、金代在司天監掌管陰陽學及中央的官學陰陽學課程之外，更在地方上增設陰陽學課程（《元史・選舉志一》：「世祖至元二十八年夏六月始置諸路陰陽學。」）地方上也設陰陽學教授員，培育及管轄地方陰陽人。（《元史・選舉志一》：「（元仁宗）延祐初，令陰陽人依儒醫例，於路、府、州設教授員，凡陰陽人皆管轄之，而上屬於太史焉。」）自此，民間的陰陽術士（陰陽人），被納入官方的管轄之下。

至明清兩代，陰陽學制度更為完善。中央欽天監掌管陰陽學，明代地方縣設陰陽學正術，各州設陰陽學典術，各縣設陰陽學訓術。陰陽人從地方陰陽學肄業或被選拔出來後，再送到欽天監考試。（《大明會典》卷二二三：「凡天下府州縣舉到陰陽人堪任正術等官者，俱從吏部送（欽天監），考中，送回選用；不中者發回原籍為民，原保官吏治罪。」）清代大致沿用明制，凡陰陽術數之流，悉歸中央欽天監及地方陰陽官員管理、培訓、認證。至今尚有「紹興府陰陽印」、「東光縣陰陽學記」等明代銅印，及某某縣某某之清代陰陽執照等傳世。

清代欽天監漏刻科對官員要求甚為嚴格。《大清會典》「國子監」規定：「凡算學之教，設肄業生。滿洲十有二人，蒙古、漢軍各六人，於各旗官學內考取。漢十有二人，於舉人、貢監生童內考取。附學生二十四人，由欽天監選送。教以天文演算法諸書，五年學業有成，舉人引見以欽天監博士用，貢監生童以天文生補用。」學生在官學肄業、貢監生肄業或考得舉人後，經過了五年對天文、算法、陰陽學的學習，其中精通陰陽術數者，會送往漏刻科。而在欽天監供職的官員，《大清會典則例》「欽天監」規定：「本監官生三年考核一次，術業精通者，保題升用。不及者，停其升轉，再加學習。如能黽勉供職，即予開復。仍不及者，降職一等，再令學習三年，能習熟者，准予開復，仍不能者，黜退。」除定期考核以定其升用降職外，《大清律例》中對陰陽術士不準確的推斷（妄言禍福）是要治罪的。《大清律例・一七八・術七・妄言禍福》：「凡陰陽術士，不許於大小文武官員之家妄言禍福，違者杖一百。其依經推算星命卜課，不在禁限。」大小文武官員延請的陰陽術士，自然是以欽天監漏刻科官員或地方陰陽官員為主。

官方陰陽學制度也影響鄰國如朝鮮、日本、越南等地，一直到了民國時期，鄰國仍然沿用着我國的多種術數。而我國的漢族術數，在古代甚至影響遍及西夏、突厥、吐蕃、阿拉伯、印度、東南亞諸國。

術數研究

術數在我國古代社會雖然影響深遠，「是傳統中國理念中的一門科學，從傳統的陰陽、五行、九宮、八卦、河圖、洛書等觀念作大自然的研究。……傳統中國的天文學、數學、煉丹術等，要到上世紀中葉始受世界學者肯定。可是，術數還未受到應得的注意。術數在傳統中國科技史、思想史，文化史、社會史，甚至軍事史都有一定的影響。……更進一步了解術數，我們將更能了解中國歷史的全貌。」（何丙郁《術數、天文與醫學中國科技史的新視野》，香港城市大學中國文化中心。）

可是術數至今一直不受正統學界所重視，加上術家藏秘自珍，又揚言天機不可洩漏，「（術數）乃吾國科學與哲學融貫而成一種學說，數千年來傳衍嬗變，或隱或現，全賴一二有心人為之繼續維繫，賴以不絕，其中確有學術上研究之價值，非徒癡人說夢，荒誕不經之謂也。其所以至今不能在科學中成立一種地位者，實有數因。蓋古代士大夫階級目醫卜星相為九流之學，多恥道之；而發明諸大師又故為惝恍迷離之辭，以待後人探索；間有一二賢者有所發明，亦秘莫如深，既恐洩天地之秘，復恐譏為旁門左道，始終不肯公開研究，成立一有系統說明之書籍，貽之後世。故居今日而欲研究此種學術，實一極困難之事。」（民國徐樂吾《子平真詮評註》，方重審序）

現存的術數古籍，除極少數是唐、宋、元的版本外，絕大多數是明、清兩代的版本。其內容也主要是明、清兩代流行的術數，唐宋或以前的術數及其書籍，大部分均已失傳，只能從史料記載、出土文獻、敦煌遺書中稍窺一鱗半爪。

術數版本

坊間術數古籍版本，大多是晚清書坊之翻刻本及民國書賈之重排本，其中豕亥魚魯，或任意增刪，往往文意全非，以至不能卒讀。現今不論是術數愛好者，還是民俗、史學、社會、文化、版本等學術研究者，要想得一常見術數書籍的善本、原版，已經非常困難，更遑論如稿本、鈔本、孤本等珍稀版本。在文獻不足及缺乏善本的情況下，要想對術數的源流、理法、及其影響，作全面深入的研究，幾不可能。

有見及此，本叢刊編校小組經多年努力及多方協助，在海內外搜羅了二十世紀六十年代以前漢文為主的術數類善本、珍本、鈔本、孤本、稿本、批校本等數百種，精選出其中最佳版本，分別輯入兩個系列：

一、心一堂術數古籍珍本叢刊

二、心一堂術數古籍整理叢刊

前者以最新數碼（數位）技術清理、修復珍本原本的版面，更正明顯的錯訛，部分善本更以原色彩色精印，務求更勝原本。并以每百多種珍本、一百二十冊為一輯，分輯出版，以饗讀者。

後者延請、稿約有關專家、學者，以善本、珍本等作底本，參以其他版本，古籍進行審定、校勘、注釋，務求打造一最善版本，方便現代人閱讀、理解、研究等之用。

限於編校小組的水平，版本選擇及考證、文字修正、提要內容等方面，恐有疏漏及舛誤之處，懇請方家不吝指正。

心一堂術數古籍珍本整理叢刊編校小組

二零零九年七月序

二零一四年九月第三次修訂

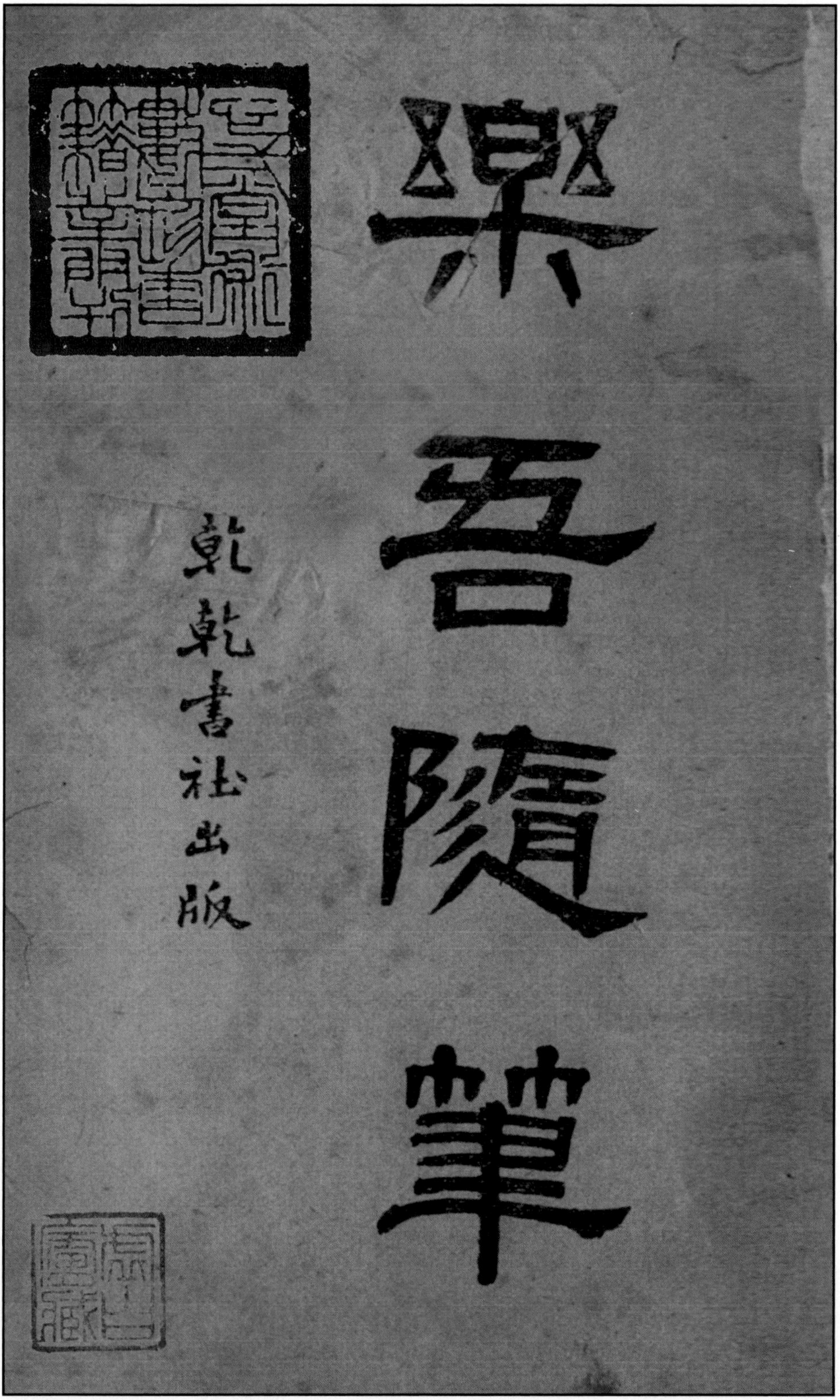

樂吾隨筆

乾乾書社出版

樂吾隨筆提要

孟子云。大匠能使人以規矩。不能使人巧。巧之一字。乃心得與經驗之交織。必須從熟練中得之。命理雖小道。亦不能外此例。以歸納方法取用。乃能剪除枝葉。獨探驪珠。以分析方法推測。乃能從一干一支相互的關係中。論其休咎。故格局取用。可以提要鈎元。以規則示人。而推測論斷。必須心領神會。無一定方法可說。本書不辭艱困。姑從兩方面示人以推測之路。（一）命理一得。以筆記的方式。記錄經驗與心得。（二）姑妄言之。選錄評稿中之業經證實者。詳述其所以然之故。一字一句。皆有根據。鎔神煞用神於一爐。開子平法未有之創格。盡發從來談命者不宣之祕。知我罪我。付之公評。

自序

命相卜筮。出於奇門。統名爲術數之學。術數者。以數字推測人事之術也。干支者。數之代名詞也。八字駢列。如一公式。依此公式。求其答數。答數與人事相符。則可證明其式之無誤。設有不符。則非數字有錯。卽推測之誤也。更進而求其錯誤之所在。積之以漸。真理自明。夫命理雖小道。非下一番苦功者。不得其門而入。入門程序。約之有三。初步爲格局用神。次者神煞。更進一步。則爲推測之方法。格用者。十干性質。進退宜忌也。神煞者。干支相加之符號也。推測者。由干支所見。（格用與神煞併合所見之現象。）而推之於人事也。予於取用。較有把握。而神煞則以真假雜糅。辨別匪易。腦力薄弱。不能盡記爲憾。至於推測方法。最爲靈活。人事萬變。推測之路亦萬變。抽蕉剝繭。層層無盡。常有顧此失彼太過不及之弊。偶有恰到好處者。則又絲絲入扣。毫髮無爽。此經驗不足之弊病。無可自諱者也。噫、醫卜星相。同出一源。醫自張仲景整理闡明。濟世利民。垂爲不朽之業。設無仲景。則青箱賣藥者流。與今之談星相者。又何擇焉。命理與人事。何以若合符節。其中必有真理在。予老矣。深自慚恧。古人已到之境界。猶未盡知盡能。何敢作百尺竿頭更進一步之想。隨筆之作。不過偶記所得。俾免散失。評稿之選。亦擇其得數之比較可信者。藉以開推測之路。聊爲研習者之一助云爾。整理闡明。是所望於後人。是爲序。

民國二十八年歲次己卯仲夏東海徐樂吾序於海上乾乾書屋

命理一得

樂吾隨筆之一

命理一得目錄

命理一得目錄　二

命理一得

東海徐樂吾隨筆

論六親

任鐵樵氏論六親。以生我者爲父母。我生者爲子女。不論男女。咸取印綬食傷。理由似甚充足。（見滴天髓徵義）然細按之。意義膚淺。理有未合。推算六親之法。原於京易。由來甚古。固未可以理想揣測。擅爲更易也。

六親者。父子夫婦兄弟也。有夫婦而後有父子。有父子而後有兄弟。故論六親者。始於夫婦。夫婦取配合之義。故甲以巳爲妻。丙以辛爲妻。戊以癸爲妻。庚以乙爲妻。壬以丁爲妻。其義專取於五合。一陰一陽相配而成。正印爲母。偏才爲父。男以官煞爲子。女以食傷爲子。其義胥由此出。舉例如下。

【甲】甲以巳土爲配合。　甲以庚辛金爲子。庚辛。巳土所生。甲之官煞。卽巳土之食傷也。故男命以官煞爲子。

【巳】甲之正財也。故正財爲妻。

【己】己以甲木爲夫。　己土以庚辛金爲子。　庚辛。己土之食傷。卽甲之官煞也。故女命以食傷爲子。

【甲】巳土之正官也。故正官爲夫。

【庚】以巳土爲母。

【巳】庚之正印也。　故正印爲母。

【甲】庚之偏才。母之匹配也。。故偏才爲父。

比劫爲兄弟。取比和之義。從略。

男命以陽干爲主。女命以陰干爲主。男命而値陰干。從陽干取之。女命而値陽干。從陰干取之。　男命六乙生人。亦以癸爲母。癸偏印也。以戊爲父。戊正財也。甲乙俱以庚辛爲子。　庚金爲男。　在甲爲偏官。在乙則正官也。辛金爲女。在乙爲偏官。在甲則正官也。　甲乙俱以巳土爲妻。戊土爲妾。雖云陰見陰不成配合。然陰木不能尅陽土。故仍以巳土爲妻。

女命六甲生人。以庚金陽男爲正夫。蓋女命值陽干。從陰干取之。甲見庚爲偏官。乙見庚爲正官。皆夫星也。但陽見陽多無情。陰見陽則夫婦和諧。故原命無庚者。姑取辛金。

女命以生我夫者爲姑。合我姑者爲翁。然須分年月與日時論之。在年月者爲母家。爲父母。在日時者爲夫家。爲翁姑。

或問甲乙日主以戊癸爲父母。如四柱無癸水。則如何。曰。書云明干有時明干取。明干無時暗中求，是也。或無癸而有壬。卽以壬爲母。但壬水偏印。多爲繼母或庶母耳。

總之六親從陰陽配合而起。甲取巳爲妻。乙亦取巳爲妻。不當取戊。戊陽干也。甲以庚爲子。以戊爲父。以癸爲母。乙亦如之。不拘偏正。惟辨陰陽。陽男陰女。理之大順也。（造化元鑰以用神爲子。生我用神爲妻。乃以才官之法而活用之也。原命無官煞者。最爲適用。多看命造。自能了解。

古人推論六親。用意如是深遠。猶不能包括完備。（有一部份八字。須以用神爲子。如造化元鑰所論）而任鉄樵氏概以生我爲父母。我生爲子女。過於簡單直捷。在初學者閱之。雖容易了解。甯能免於淺陋之譏乎。

陰干變陽

命造用神之不易取者。大都在陰干。論其本性則弱。論其時則值生旺。宜扶宜抑。頗費斟酌。然有一點須知者。陰干日主。如見陽干並透。則與陽干同論。書云藤蘿繫甲。可秋可冬。衰竭之乙。見生旺之寅甲。其用與甲木無殊。又云。丙奪丁光。丁火昭融。見炎威之丙。其象亦同於丙火。舉一可以反三。巳土卑溼。見戊土並透。其象亦轉爲高亢。辛金溫清。見庚金並透。其象亦轉爲剛銳。癸水溼潤。見壬水並透。其象亦變爲冲奔。其例甚多。散見於評稿選錄中。不贅。總之陽干之性積極。陰干之性消極。陰陽並透。則消極之性。亦轉爲積極。命理書中不乏其例。特無明言之者耳。

六神宜忌

古人論六神宜忌。大抵指陽干而言。茲舉數例於下。

官宜才生。煞宜食制。　甲木以辛金爲官。庚金爲煞。生旺之甲，非辛金所能尅。如用辛金。非得才星生之。辛金之用不顯。故官宜財生。庚金與甲同爲生旺之氣。能尅甲木。非得食傷制之。木必受損。故煞宜食制。若乙木則不然。乙木本性衰竭。不論庚辛。皆能尅之。乙與庚合。尤嫌掣肘。不論官煞。皆宜食制或印化。無用才生官煞之法也。

正財爲自己之財。偏才爲衆人之財。　陽干見正財則相合。如甲見巳。丙見辛之類。與日元合。故爲自己之財。見偏才不合。情不專屬。故爲衆人之財。若陰干則不論正偏才。皆與日元不合。無所謂衆人與自己也。

梟神奪食。　甲見丙爲食神。癸爲正印。壬爲偏印。卽梟神也。壬能尅丙。癸水見丙。名不晴不雨。遮蔽陽光。不能尅也。故梟印能奪食而正印不奪。若陰干則不論正偏印皆奪。如乙見丁爲食神。癸能尅丁。壬亦合丁而去之也。

合官忘貴。合煞忘賤。　甲木以辛金爲官。見丙，合辛而去之。故云合官忘貴。甲木以庚金爲煞。見乙相合。庚不尅甲。故云合煞忘賤。卽甲以乙妹妻庚。凶爲吉兆之意也。若陰干。本身與官星相合。無所謂忘貴。傷官合煞。與食神制煞同。無所謂忘賤。知其專就陽干立論。卽不必妄費心思。曲爲解釋。而卒不能自圓其說也。

此種問題甚小。一經說穿。迎刃而解。在初學者。竟有多年研究。不能解釋者。實爲極大阻礙。窮通寶鑑專就十干性質立論。不言六神。非無見也。

四長生

寅申為陽長生。巳亥為陰長生。旺弱不同。前於子平粹言中曾詳言之。寅宮丙火。申宮壬水。皆是母旺子相。勢力並行。氣皆極旺。（寅宮甲木臨官。故丙生。申宮庚金臨官。故壬生。）巳宮庚金。為火氣所制住。亥宮甲木。為寒氣所束縛。雖長生而不旺。此四長生不同之點也。然有一例外。亥得未會。未中有己土混壬。丁火為暖。甲木轉為生旺。即己土混壬格。（詳造化元鑰十月丙火節）巳得丑會。溼土生金。庚金即轉生旺。如陳夔龍造。丁巳。乙巳。癸丑。甲辰。四月癸水。本宜印刼並用。丑宮兼有辛金癸水。故其効用。較之巳酉會局為得力。喜忌篇曰。凡見天元太弱。內有弱處復生。吉神一點暗藏。即是貴氣所在。此格未經人道。姑名之曰溼土生金格。

壽元

今人以冲提綱爲壽元絕處。非也。凡論壽元。先須看日元有氣無氣。如日元有氣。則看格局用神。財官格運至財官死絕處。傷官格運至傷官死絕處。雖在旺運中。亦必壽元有阻。如癸酉。癸亥。戊子。丁巳。日祿歸時。財旺用比。行至巳運。雖是臨官祿旺。無奈財臨絕地。又戊寅。庚申。巳丑。甲子。傷官格用在才官。至寅運。傷官絕地。又癸未。壬戌。丁未。戊申。用官煞。至巳運。官煞絕地。皆阻壽元。此日元有氣者也。如日元無氣。則論其本身。只要日元不臨死絕。雖顛沛流離。不至於死。如一老儒命。癸丑。巳未。丙申。巳丑。丙至未月已衰。又臨申位。其弱可知。更見土重洩氣。雖困頓不堪。然大運逆行。丙火之氣。綿綿不絕。直至亥運。丙火臨絕而歿。壽至耄耋矣。

更須看其原來福命。福命厚者。必有若干年生旺得意之運。所謂有其命必有其福也。在未經過旺運之前。雖行死絕。不至於死。譬如花木。含蕊未開。雖經風雨。不致萎謝。若在盛開之後。生氣將絕。卽無摧殘。亦必凋零。人命亦如

是。此三命通會所以有己發過未發過之說也。（詳子平粹言論歲運）

吉神暗藏

易云。吉凶晦吝生乎動。動者。幾之先見者也。滿盤燥暖。中藏一點溼潤。滿盤陰溼。中藏一點陽和。此乃全局之生機。富貴所自出。在命理中。名爲吉神暗藏。引而伸之。觸類而長之。油然而雲。沛然而雨。莫之能禦也。然物以希爲貴。一點爲寶。大富貴之命。二三點不足爲奇。尋常人物。若四五點。則又嫌其多。唾而棄之矣。

才印交差

明通賦云。『才印交差。喜其進也。忌其退也。貴能見義忘利。取印捨財。富則見利忘義。取財捨印。歲遇命強而進爵。』語極含混。不易解釋。其實只棄財用印取貴。棄印用財取富二語耳。如丁亥。壬子。戊辰。丙辰。棄財用印。貴而不富。甲午。丙子。戊戌。庚申。棄印用財。富而不貴。（命造引證極難。如此造專食合祿。財通門户。皆可爲富徵也。）又如徐新六命。庚寅。丙戌。巳丑。乙亥。丑亥夾子。財旺成方。然寒土用印。亦是取貴。雖爲銀行經理而不富。此數造皆棄財用印。至若胡筆江命。辛巳。壬辰。辛卯。庚寅。又如王綬珊命。癸酉。癸亥。戊子。丁巳。皆是財旺用比劫。印被財破。不能作用。交進印運，身旺任財而富。不是取印捨財。相差一間。宜細辨之。

煞刃兩停

書云。『煞旺復行煞地。建業立功處。死與刀劍之下，刃旺復行刃地。晉爵得祿處。死於藥石之間。』此論煞刃兩停之看法。義理極精。兩停者。力量相均也。財印食傷之運。皆可行得。再行煞刃之運。非不美也。但有過旺則折之危。如胡忠肅公（林翼）命。壬申。丁未。丙午。丁酉。至亥壬運。爲煞旺復行煞地。洪楊之亂。殉難盧州。近人蕭耀南命。乙亥。己卯。甲申。乙亥。至甲運。爲刃旺復行刃地。任兩湖巡閱使。全省文武最高官階。集於一身。卒於任所。

古人論命。喜用偶語。意義多不達。如元理賦云。『大貴者用財不用官。當權者用煞不用印。印賴煞生。官因財旺。』此兩句意義須交互發明。言大貴而當權者。用才旺生官。或才滋弱煞。弱煞、偏官也。不用官印、或煞印。官煞因財而旺。故貴能握權。若官煞之氣洩於印。不過安享榮華。福澤雖好。事權不足。辨別入細。因論煞刃附及之。

用神

論命以用神爲樞機。故初習者必從是入手。非以取用爲盡命理之能事也。吉凶之幾。胥在神煞。神煞合併。乃有徵驗。神煞者天干六神。（財官食印比刦及本身為六）地支會合刑冲。以及祿馬。貴人。咸池。刃。墓。之總名。換言之。卽干支配合之符號也。譬如官得才生。乃才與官之相併。才星破印。乃才與印之相併。祿馬交馳。為祿與馬相併。至於為吉為凶。更須視用神而定其趨向。故專談用神者失之淺。取用未準而妄談神煞。則吉凶失其南針。今之江湖術士。皆其類也。卽使一枝一節。偶爾言中。又何足取乎。

取用方法。以窮通寶鑑推論最精。然非用一番功者。不能運用。神煞亦如是。卽使列成表格。决非按圖索驥。卽可論命。徒使外行發生疑懼。有害而無益。况名目繁多。變化無盡。學者僅可先擇一二種重要者。練習純熟。逐漸增加。積以時日。自能貫通。若欲求速成。徒見其心勞日拙耳。求速成猶且不可。而有一種人憑其世智聰明。一知半解。卽欲百尺竿頭。更進一步。自翔發明。豈非笑話。溫故而知新。舊有者未能盡知。何新義之足云。

三奇

三奇者。乙奇。丙奇。丁奇也。其源出於奇門。乙丙丁爲三奇。戊己庚辛壬癸爲六儀。後人不解三奇之義。以乙丙丁爲一奇。更以甲戊庚。壬癸辛。雜湊附會之。而成天奇地奇人奇之說。是可哂已。

三奇之誤。與陽刃同。非自今始。非推源五星。不能明其錯誤之由來。蓋五星中以卯巳午爲三台星。乙寄卯。丙寄巳。丁寄午。見乙丙丁者。與卯巳午同論。奇門中有三奇六儀之說。三奇卽乙丙丁。故借用三奇之名。不虞後人以誤傳誤一至於斯也。

命中見三台而得用者。必貴。何謂得用。格局配合。需要以火爲用。而見卯巳午也。金聲玉振賦云。從革復見乎三奇。血食迄千秋而未艾。譬如庚金生八月。月令陽刃。論格局必取丙丁火爲制。而柱見卯巳午全。此出將入相之命也。近人如張南通造。癸丑。戊午。巳己。丁卯。戊癸化合。從火旺勢。亦是三奇得用。朱家驊造。癸巳。丁巳。丁卯。丙午。格成三奇。而以癸水爲用。胎元申宮。弱煞有根。亦爲貴格。又如沈聯芳造。庚午。戊子。癸巳。乙卯。食神生財格。三台不得月令之氣。又見子午一冲。取富而不取貴。然亦增加其地位。更有以三台爲忌者。如某君造。癸巳。戊午。乙己。己卯。三夏木火傷官。不能無印。火旺爲忌。三台爲無用矣。前云神煞吉凶隨用神而定。即此可見一班。（又如子午卯酉入格者名爲四極。不入格名爲徧野桃花。入格爲合於貴格也。）

三台得用。較之天乙貴人尤爲有驗。然專取卯巳午。乙丙丁爲次。若甲戊庚，壬癸辛，未見有驗者。其爲穿鑿附會。三命通會亦載之。特閱者多忽略耳。

神煞有可恃不可恃。三奇即其一端。其餘神煞。豈無附會穿鑿者夾雜其間。用之有驗有不驗者。即因真假雜糅故也。

戊日午月

四言獨步云。戊日午月。勿作刃看。年時火多。反作印綬。初學者多不得其解。要知月令陽刃。必取七煞爲制。此一定之法也。獨有戊日午月。午宮丁巳並旺。年時見寅戌會成火局。只作印綬論。蓋官煞不能制刃。反生印綬助身旺也。如一造。戊辰。戊午。戊戌。甲寅。寅午戌會局。甲木之氣盡洩於火。煞以制刃。今反助刃。旺逾其度。滿必招損。子運壬申年冲刃慘死。近人如畢庶澄將軍命。　甲午。辛未。戊午。甲寅。甲運丙寅年。遭仇殺。所謂陽刃倒戈是也（又如席時泰命。甲午。己巳。戊寅。乙卯。甲運己卯年慘死。）或問戊日午月之看法如何。曰午月戊土燥亢。宜財不宜印。原命有財破印。更取煞刃兼格。運行金水之地。武貴極品。原命無財。雖貴不得令終。

陽刃卽刼也。祿前一位。旺逾其度。較刼尤旺。故以刼之半邊字别之。惟陽干有刃。故名陽刃。更有真陽刃者。如甲木日主。柱見乙卯。乙木出干。名真陽刃。庚金見辛酉。丙火見午丁。壬水見子癸。同論。又名陽刃出鞘。

歲運併臨

喜忌篇云。刼財陽刃。切忌時逢。歲運併臨。災殃立至。刼刃之義有三。(一)刼財陽刃。用在財星而見陽刃。名刼財陽刃。凡以財爲用者。皆忌見之。(二)護祿陽刃。譬如甲以寅爲祿。逢申冲寅而見卯刃。申與卯合。不冲寅祿。故名護祿。凡身弱用祿者。最喜見之。(三)背祿陽刃。三命通會云。乙木陰干無刃。見丙傷官。其凶與陽刃同。以其與官星背道而行。故名背祿。(祿即官星)實非陽刃也。丁己辛癸同論。

言切忌時逢者。月令財星爲用。而時見陽刃也。時爲晚年歸宿之地。必致老來困窘。兒女耗累。大運流年同値陽刃。未有不災殃立至者。可知歲運併臨句。

專指刼財陽刃而言。他格非所忌也。如一造。癸酉，癸亥，戊子，丁巳。月令財星太旺。專用時上一點祿。運至戊午己未。比刼幫身。立致鉅富。戊午、陽刃運也。更值戊午流年。歲運併臨。發福尤鉅。午宮丁己。暗合亥宮壬甲。可解己亥之冲。愈見其美。今人一聞歲運併臨。卽惴惴不安。謬說流傳。普及社會。可哂孰甚。

不見之形

消息賦云。『見不見之形。無時不有。抽不抽之緒。萬古聯綿』。夫不見之形。不僅拱夾。凡暗冲暗合、皆是也。無時不有者。言隨處有之。爲喜爲忌。羌無一定。並非有拱夾冲合，皆是上命也。

不見之形。其効用有重於明見者。所謂用實不如用虛是也。古來奇特格局。用之極驗，而不可理解者。不外乎用虛神。如飛天祿馬，井欄叉、子遥己、丑遥己、六甲趨乾、六壬趨艮、專印合祿、專食合祿、等格。皆是也。（詳子平粹言格局高低篇）譬如四壬寅。壬水不以無根論。寅暗合亥。爲壬水之祿。四寅集中於一亥。而亥之虛神乃見。爲六壬趨艮格也。

抽不抽之緒者。言虛神之用。如剝繭抽蕉。重重無盡。有因虛神而成大富貴。亦有因虛神暗中損壞而破格者。爲助爲忌。用途不一。暗强暗旺。視之無形。變化之多。非文詞所能盡。惟有明其原理。自能觸類旁通耳。

古來雜格。多如牛毛。蘭台妙選。專論格局。仍未能概括盡淨。予曾於子平粹言中列數造。其看法均爲古來所未有。玆再列一造如下。

周學熙命。乙丑、己丑、丁亥、辛亥。

天干乙丁己辛。地支兩丑兩亥。拱一子字。子卽癸也。五陰齊備。真陰乘陰位也。滴天髓云。陰乘陰位陰氣盛。還須道路光亨。又此造亦可作遥巳格看。兩丑合巳。兩亥冲巳。辛癸乙暗合巳宮丙戊庚。丁己火土、氣同丙戊。四柱集中於一已字。自有已字之虛神在耳。

借妻安子法

醫家治病。挽危爲安。命理推斷。貧者不能使之富。賤者不能使之貴。無術挽救。誠缺憾也。然妻財子祿。未始不可挽救一二。我人不談禳解。專從學理方面籌補救。如借妻安子法是已。

金鼎神祕賦云。『古有借妻安子。其理甚玄。木兒見鬼。得北方坎女多存。水子遇煞。賴西方兌妻可養。水制火男。借青龍爲孀母。木損土兒。覓朱雀爲繼娘。五行有損。須借相生。四柱雖尅。亦多無害。若不借母安子。安能後嗣不乏』。木兒見鬼者。命中以木爲子星。而木居申酉絕地。四柱又見金尅木。理當無子。若得水命之妻。則子賴妻以存也。水子遇煞者。如丙火以壬水爲子星。而柱見戊土也。坎女，水命女也。兌妻者、金命之妻也。青龍、甲乙木也。朱雀，丙丁火也。餘可類推。

又曰『青龍作子。休婚白虎之妻。火德成男。莫娶亥子之婦。水爲子嗣。毋忌中央』。青龍作子者。以甲乙木爲子星也。白虎之妻者。庚辛金命之妻也。以火爲子星者。忌亥子水命之妻。以水爲子星者。忌中央土命之妻。

以上均言合婚之法。合得好、可使無子變爲有子。合得不好、可使有子變爲無子。挽回造化。其理甚玄。並可使男命應尅妻者、不尅妻。女命應尅夫者、不尅夫。然照此合法。不但配合甚難。並且可遇不可求。十有九不配。非萬不得已。不肯輕用也。今人之論合婚。不過三元九宮。不相冲尅而已。

又曰『年合日時犯戊癸。決主三妻。甲逢二己到己午。不止兩婦。丙逢重辛居酉子。多招寵妾。庚與乙合生卯午。定有偏房。壬逢重丁在己酉。重婚別室。陽合陰盛妻雙立。陽合陰衰妻再娶。』此言重婚再娶之命。專從陽干立論。古法以年爲主。而以日時爲妻子宮也。戊土年干。日時多癸。爲年合日時犯戊癸。癸水旺。主妻妾並立。癸水弱。主妻死再娶。今法以日干爲主。其理相通。可參用也。

雙生子

客有以雙生子爲問者。據予經驗。雙生子無同時同刻生者。落地先後。相差二三時不等。如一造、己酉、丙子、戊辰、癸亥。雙生子也。其兄生辛酉時。丙辛一合。用神被傷。早世。又如造化元鑰載。巳己、丁丑、庚子、甲申。兄弟雙生。兄甲申時。孝廉。弟乙酉時。茂才。蓋無甲引丁。丁雖出干而無根。故貴較輕也。(例甚多。不備舉。)可知雙生子。决非同時。卽使同時誕生。亦有初中後之別。至於非雙生子而同時者。則有胎元之異。分野之殊。又當別論。書云。上智與下愚不移。中材之人。隨環境而轉移。命亦如是。上格下格。富貴窮通。自有一定。中等命造。各隨環境以發展。從政得官。經商致富。固不同而同也。如滴天髓補註所載吳星垣造。己巳、癸酉、乙丑、甲申。假從格也。戊辰拾年。任錢莊經理。致富數十萬。與造化元鑰中一造。八箇字全同。註戊辰運中補僉事職。雖政商殊途。而優劣同。可見一斑矣。（命造前後六十年。節氣深淺。有截然不同者。此亦例外耳）。

取用捷訣

今人研習命理。每以用神難辨別爲憾。此未得其訣也。子平真詮云。用神先看月令。非以月令人元爲用也。乃是看月令爲日干之何宮。（生旺休囚十二宮）譬如寅月。甲木日干。則爲臨官。丙戊日干、則爲長生。庚金日干、則爲絕地。壬水日干、則爲病地。次看年日時支、爲日元之何宮。則其旺衰顯然可見。旺衰既定。需要自明。譬如木火生於秋冬。金水生於春夏。休囚之地。日主必弱。弱者宜生扶。反之木火生於春夏。金水生於秋冬。生旺之地。日主必旺。旺者宜尅洩。此一定之法也。更看旁神輔佐。是否變弱爲强。或變强爲弱。則應取何神。自有一定矣。

更進一步。須明反生反尅之理。木不離火。火不離木。冬木見火。乃是反生。非洩也。金不離水。水不離金。春夏之金見水。亦是反生。非洩也。土隨火旺。生於秋冬。子旺母衰。不能無火。生於春夏。木火旺地。不能無水。夏土見木。反助火旺。不能尅也。明乎此。命造入手。成竹在胸。熟讀窮通寶鑑五行總論。取用之法。思過半矣。

更有一簡捷祕訣。五氣以流通爲貴。設命造五行不全。只有四行、而缺其一。則所缺者。往往卽爲真正需要之用神。行運見之。氣勢流通。必然得意。滴天髓云。何處起根源。流向何方住。機括此中求。知來亦知去。此千金難買之祕訣也。尤以普通命造。四柱無可取用者爲有驗。特別之命。或另合格局者。不在此例。閱者勿輕視之。要知祕訣大都如此。千兩黃金難買得。說穿不值半文錢。貴在一祕字。

入繼過房之命

書云『化之真者。王公鉅卿。化之假者。孤兒異姓』。今人以孤兒異姓作孤苦零丁解、殊誤。八法關鍵云。『天干一類。本非其象。類化氣而不成局。類印綬而不成印。多靠別人之力。入繼過房之命』。又云。『生而不生。過房入贅之人。化而不化。蹭蹬淹留之子。』生而不生者。有印而不能相生也。化而不化者。化神不成方局。似化而不能化也。入繼過房。螟蛉贅婿。皆屬於孤兒異姓一類。其中不乏富貴上命。蓋生我者爲印。同氣者爲比劫。印劫不能生我助我。則自己父母之蔭庇無力。託庇他人宇下而成立。其爲孤兒異姓。固可推測而知也。成格與否。又當別論。茲舉數造如下。

清光緒帝命。 壬申、丁未、辛己、戊子。 辛金喜用壬庚。而壬被丁合戊制。申宮庚壬、爲未中丁巳、己中丙戊、所隔。不能助辛、忌戊土埋金、而戊土得祿於坐下。六月火炎土燥。不能生辛金。此所謂生而不生也。

清宣統帝命。　丙午、　庚寅、　壬午、　壬寅。　庚臨絶地無根。亦生而不生也。

鉅富劉某命。　壬午、　丙午、　癸巳、　甲寅。　從才格。然胎元在酉。年干透壬。亦生而不生也。

一律師命。　戊子、　辛酉、　丙申、　己丑。　化而不化也。

一商人命。　丙子、　己亥、　辛卯、　庚寅。

一商人命。　丙辰、　辛卯、　庚寅、　戊寅。　兩造皆生而不生。

入繼過房。論其實不論其名。自幼受他人撫養教育。卽無繼承之名亦見之。否則。雖有繼承空名。並不見之於命。我國宗法社會。長房不絶。虛名祧繼。非命理中所有也。

離婚之命

命理書中。有尅妻而無離婚。蓋離婚非不可避免事。卽使夫婦反目。而在禮教束縛委曲求全之條件下。未嘗無轉圜餘地。現在時代。人皆任性。離婚案件。層出不窮。究竟命造中。如何爲離婚之徵象。此可研究之問題也。財爲妻星。日支爲妻宮。日支見比刼。爲尅妻之徵。如坐下陽刃、日支專祿等是。妻宮見印。則有離婚之可能。更見財星冲之。決然難合。才印不相容。勢必睽違也。女命日支爲夫宮。坐下傷官而又身强氣旺。亦爲離婚之徵。蓋女命以官爲夫星。坐下傷官。情誼難洽。然離婚非不可避免。爲人論命。見此種命造。總以勸其忍耐爲主。卽以徵象而論。亦僅爲睽違之兆。非必離婚也。

男命　乙酉、辛巳、丁卯、壬寅。

男命　甲辰、庚午、癸酉、丙辰。

男命　乙未、　己卯、　己巳、　乙亥。
女命　丙午、　甲午、　庚子、　戊寅。
女命　壬寅、　癸卯、　甲午、　己巳。

不顧用神

命造以用神合於需要爲貴。柱中有合於需要之用神。而日主不顧用神之恩我。反與不相干之財官相合。（陽干合財。陰干合官。）其人必奸險狡詐。合財者貪財。合官者戀官祿。所謂見利忘義者是也。此性情之見之於命者。與富貴窮通不相涉。如宋秦檜命。　庚午。　己丑。　乙卯。　壬午。　冬月乙木。不能無火。寒木向陽。午丁爲用。而日元合庚。又戀月垣之財。其貪戀財官。不顧用神。顯而易見。又如清權臣和坤命。　庚午。　乙酉。　庚子。　壬午。　月令陽刃。必取午宮丁火爲制。而日元庚金合乙。貪財忘用之情顯見。此類命造。大者賣國。小者賣友。和坤如生於現代。亦必張邦昌之流亞也。

財多身弱

財者。物之媒介。天下之公器也。何爲我之財。何爲非我之財。曰。聽我命令。受我支配者。爲我之財。否則。非我之財。銀行中管庫出納之人。經手之財雖多。不能聽我支配。競競業業。以保管紀錄爲職志。終身從事於此者。必爲財多身弱之命。蓋不能用財。反爲財所困也。銀行經理。金融巨頭。自己雖無多財。其命與鉅富無殊。蓋有多數之財。聽其支配也。書云財多身弱。富屋貧人。只能代人經營。任保管之職。自己不能享有而支配之。與貧人無異也。

富貴今昔不同

命理所論。不外乎富貴窮通。貴者。社會上尊之敬之之謂。至於官階名位。隨時代而變遷。滴天髓窮通寶鑑兩書。皆明代人著述。閱者須知明代社會情形。明代秀才。得之非易。在一鄉一邑之中。頗有相當地位。較之現在。可抵一國立大學之專科畢業生。如學士之類。滴天髓所謂秀才不是塵凡子。窮通寶鑑所謂衣襟之貴。決非清季不通秀才所可比擬也。同一名稱。地位懸殊。廩貢孝廉。可抵一博士碩士。科甲之貴。則必爲大學校之名教授。負相當時譽者也。大抵承平時代。政治咸循正軌。登庸升遷。循資按格。士少倖進。亂世紀綱廢弛。機會愈多。進身愈易。其貴亦有差等。譬如乾嘉時代。一實缺知府之命。至光宣間。可爲實缺關道。到民國時代。必爲省長。爛羊關內。都督滿街。社會上不之重。命理中亦不見其貴也。因緣時會。徼幸進身。歷極短時間。卽被迫下台。不能保有其原來之地位身份者。在命理中祇見其驚濤駭浪。不見其貴也。

古時陶朱公三致千金。號稱天下第一鉅富。漢文帝以帝皇之尊。惜露台百金之費。若以現在眼光觀之。寒酸極矣。數千年前。生活狀況。姑置不論。猶憶予幼年時。地方上擁資數萬金者。羣以富翁目之。若擁資數十萬。則在一郡一邑之中。稱首富矣。百萬千萬。全國能有幾人。以今視昔。數萬之產。不過粗足自給。卽數十萬。亦不過小康之家。不足以稱富也。窮通寶鑑爲明人之書。所根據者爲明代社會之生活。其所謂衣食無虞者。以現在目光衡之。必在十萬以上。富有千金者。必數十萬。稱富者。數百萬。稱鉅富者。必千萬以上。今昔之不同有如此。至若交易所內。豪賭場中。今日擁資累累。明日傾無所有。此在命理中。亦只見其驚濤駭浪。不見其富也。

總之官階地位。隨時代而變遷。生活享用。亦隨時代而改易。讀古人書。必須活看。以今比昔。參以經驗。庶幾近之。至於古人筆記所載。何年登第。名列第幾。何年外放。何年內調。歷歷如繪。或者奇門數中有此推算方法。予終疑其過甚其詞。未經眼見。不敢信也。卽以科甲而論。清不如明。明不如宋。宋代鼎甲。拾年之中。必登相位。清祕之貴。望之如神仙。明代尚有巡按之尊。而遜清鼎甲。則有終身沉淪下位者。同一鼎甲。高低判若天淵。何所根據以論定乎。

金水傷官

格局之中。以傷官格變化最多。尤以金水傷官爲不易看。今人熟聞金水傷官喜見官之說。以爲必用官星。取南方運。此大誤也。要知傷官皆忌見官。獨有金水傷官。調候爲急。不忌見官。此論格局。非所以論用。金至三冬，爲病死墓地。氣洩而弱。宜助宜幫。正與甲乙生夏。丙丁生秋同論。然木火皆喜用印。獨有金水忌濁。不宜見戊巳印。金聲玉振賦云。金水固聰明。有土反成頑懦是也。扶助庚辛。惟用比刼。書云。傷官不忌刼財鄉。在金水傷官。當云傷官最喜刼財鄉。（金水傷官喜見官。當云金水傷官不忌官。方不致誤。）如陳其命。乙丑、丁亥、庚子、壬午。又一造。辛亥，巳亥、辛卯、甲午。皆喜行比刼旺地。但南方官煞運亦不忌。此爲金水傷官特殊之點。此類命造。大都早年困厄。富重貴輕。又近見一造。丁未、壬子、庚申，庚辰。亦喜比刼。此明證也。又友人某命。癸巳，庚申、庚子、庚辰。格成井欄叉。然細思之。亦是喜比刼運。雖生於七月。而申子辰會局。水旺金洩。總以得比刼扶助爲美。至於井欄叉飛天祿馬等格。名目好聽。無裨實用。乃金水傷官中之一變格而已。女命訣云。飛天祿馬井欄叉。女命逢之總不佳。其不足爲貴可知也。

桃花

桃花名目甚多。十二宮自長生至臨官。皆爲進氣。長生如日初升。乃氣之陽。沐浴如日既出。乃氣之陰。（陰陽乃相對之詞。非絕對的。）陰柔生旺。其力足以吸引一般人。使之起愛慕崇拜之心。皆以桃花名之。不僅子午卯酉四咸池也。書云。臨官爲桃花。帶刼煞者名桃花煞。帶驛馬者名桃花馬。是寅申巳亥。亦名桃花也。舊社會中。婦女而聲譽卓著。使人愛慕者。非伶卽妓。是推測之詞。要當論格局貴賤高下。如官帶桃花。爲誥封之命。煞帶桃花。多偏妻之命。此外如食神帶桃花。傷官帶桃花。亦各有分別。女命簡單。男命複雜。如原命見文星而食神帶桃花。必著文名。見藝術星、則以藝術著名。詎可概以爲忌耶。茲彙錄如下。

年命	寅午戌	申子辰	亥卯未	巳酉丑
咸池桃花	卯	酉	子	午

子午卯酉全。爲偏野桃花。年支見卯。月日時寅午戌。爲倒插桃花。

天干	甲	乙	丙	丁	戊	己	庚	辛	壬	癸
紅豔桃花	午	申	寅	未	辰	辰	戌	酉	子	申

納音	金	木	水	火土
正桃花	巳亥	子亥	子申	午戌

桃花刼　三春巳酉丑生人、寅時。　三夏申子辰生人、巳時。
三秋亥卯未生人、申時。　三冬寅午戌生人、亥時。
名桃花刼。主少入娼門。老爲貧丐。

桃花馬　臨官逢驛馬。名桃花馬。

桃花煞　臨官逢刼煞。名桃花煞。（專指時支。）

花釵煞　女命年命前一辰爲花釵煞。

桃花煞　後一辰爲桃花煞。

以上六種。統名桃花。更有類於桃花者。

淫慾妨害煞　八專爲淫慾之煞。九醜爲妨害之辰。日上犯者。有不正之妻。時上犯者。有不正之子。女人犯者、不擇親疏。九醜、女命犯者。多産厄。男不令終。

八專　甲寅乙卯　戊戌　己未丁未　庚申辛酉　癸丑

九醜　戊子戊午　壬子壬午　丁酉丁卯　己酉己卯　辛酉辛卯

陰陽煞　丙子戊午　男得丙子。平生多得美婦人。女得戊午。平生多逢美男子。日上遇之。男得美妻。女得美夫。大忌元辰咸池同宮。主貪淫。男得戊午。多婦人相愛。女得丙子。多男子挑誘。更看格局高下貴賤。

流霞煞　男主客死。女主產亡。

甲酉　乙戌　丙未　丁申　戊巳　己午　庚辰　辛卯　壬亥　癸寅

孤鸞寡鵠煞　女命無官煞者。值此日爲忌。有官煞反主多子女。

甲寅乙巳　丙午丁巳　戊午戊申　辛亥壬子

金神煞　女命生年生日同一位者。多主尅夫。如甲午年生。再遇甲午日。名金神帶甲。十九尅夫。金神如下。

甲己見午未。　乙庚見辰巳。　丙辛見申酉。

丁壬見戌亥。　戊癸見子丑寅卯。　俱男主自立。女奪夫權。

以上神煞。錄自舊籍。其中可靠之成份有幾。全在各人之經驗矣。蓋命理自昔流入江湖。以誤傳誤。勢所難免。更有附會湊合者。如三奇之僅有『卯己午』爲真。（見上）貴人之有甲戊歸牛羊。庚辛逢馬虎之誤。可見一班。即以上列神煞而論。亦多重複。附會凑合之跡。顯然可見。然謂一概無準。則又非是。真假之辨。須試驗以得之。含混籠統。因噎廢食。爲治學所戒也。（由上桃花推論之。丙丁見寅卯。壬癸見申酉。皆可名爲桃花。）醫卜星相。同出一源。醫術自張仲景整理闡發。成爲有系統之學。而星相卜筮。從來未有人整理。羣言龐雜。各備一說而已。命理之有祕訣。猶醫家之有單方也。病有虛實溫涼之分。故單方有驗不驗之別。祕訣亦然。祕訣不外乎神煞。可靠之神煞。更須配合格局用神。方可推測而加以論斷。非按圖索驥。即可應用也。執驗方新編而與人治病。其可得乎。此命理之所以重經驗也。

女命

女命與男命。看法不同。非命理有殊。乃婦女在社會上之習慣地位有不同也。

何謂習慣地位不同。男命不論格局高下。總以運行旺地。事業發榮爲美。婦女從夫爲正。夫利其婦必利。夫困其婦必困。無本身獨立之事業。卽使自己運途平常。而行夫旺或子旺之運。同作佳運論之。夫貴妻榮。子貴母福。不必自己創建事業也。譬如小孩之運。在父母保護之下。只要父母健旺得意。卽是福蔭。本身運劣。不過讀書無進步。多疾病之災而已。女命亦如是。故論女命者。必先看夫子二星。中年要行夫星旺地。晚年要行子星旺地。自己運之好壞。反在其次。此其一。本身交入旺運。欣欣向榮。事業創建。身心俱勞。在事實上非先尅夫。卽離家庭、捨中饋。自己不以爲福。社會上視之亦不以爲福也。此其二。女命之中。不乏本身順運。夫子二星同時並旺者。然處於相反地位者。不在少數。女命以用財官爲喜。傷官爲忌。卽以此故。命理之外。必參以社會習俗。此女命之所以異於男命也。證例詳姑妄言之評稿。不備舉。女命以陰干爲主。喜食神而忌傷官。譬如己土以甲木爲官。夫星也。辛金爲食神。子星也。辛不能尅甲。而能生財。轉而生官。故女命見官星食神者。夫子二星俱利。見傷官者。利於子不利於夫。若日主爲陽干。當從陰干論之。反以食神爲忌。傷官爲非忌矣。譬如戊土日主。亦以甲木爲夫。見庚金食神則尅。見辛金傷官不能尅也。古來論女命。有八法八格。摘錄如下。

一曰純。　純者一也。官星純一。或煞星純一。只要一位。不要多見。有財有印。不值刑冲。不相混雜是也。

癸巳　辛酉專祿。有申宮壬水制火潤土。辛金不弱。用丙火爲夫星。五月
戊午　火旺秉令。得祿於巳。是夫健也。丙以癸爲官。坐貴人。以戊爲食
辛酉　神。同祿於巳宮。是夫星有官貴。有食祿也。辛金生壬水爲子星。
丙申　（一年上癸水。被戊合去。故以壬水爲子。）引至申時。長生之地。

藉壬水制火潤土存金。子得力也。天干癸戊辛丙。水火既濟。地支巳午申酉。拱夾財庫。所以夫居高位。食天祿。夫榮子貴之命。

二曰和。和者，氣稟中和。不旺不弱。柱無冲擊尅害之神也。

丁丑　丁生正月。不旺不弱。丁以壬水爲夫星。月令甲木。夫之食神也。
壬寅　時干己土。夫之官星也。丁酉日坐貴人。生壬水官星。主夫貴。丁
丁酉　以己土爲子星。己土得甲木爲官。丁酉日貴生巳酉之子星。主子
己酉　貴。兩丁爭合壬水。而日主臨酉。財旺生官。壬水夫星。情向日
主。乃繼配也。榮夫蔭子之命。

三曰清。清者，不雜也。夫星純一。有財生官。有印助身。無夾雜混濁之氣也。

己未　乙未日元坐庫。木神有氣。不旺不弱。以庚爲夫星。庚祿居申。得
壬申　時當旺。以丁爲子星。丁旺於未。以壬爲印。壬生於申。坐下未庫
乙未　爲財。財旺生官。雖有甲木姊妹。庚金情向乎乙。書云財官印綬三
甲申　般物。女命逢之必旺夫。故有兩國之封。爲夫人之命。

四曰貴。命中有官星。得財相資。三奇得其宗。四柱不值鬼病。(煞)乃貴命也。經曰無煞女人之命。一貴可作夫人。又云女命無煞逢二德。可兩國之封。二德者。非獨天月二德也。財爲一德。官爲二德。加之印食。愈爲貴也。

甲午　丁以壬水爲夫星。甲木、壬之食神也。丙火、壬之財也。壬水以亥
丙寅　爲祿。得二寅暗合亥祿。雖夫星失時。而運行西北旺地。原命有財
丁未　有食祿。故主大貴。
壬寅

五曰濁。五行失位。水土互傷。正夫不顯。偏夫叢雜。無財食印綬。乃下賤村濁人也。

己亥　癸水生拾月。水旺泛濫。癸以戊土爲夫。柱不顯見。丙己偏夫並
乙亥　出。支下又有丑未之土混濁。四柱無財。不能引化。乙木食神爲子
癸丑　星。坐亥自旺。己土受尅。加以癸丑己未。天尅地冲。五行失位。

己未　鬼敗臨身。主先清後濁。毫無福澤之命。

六曰濫。濫者，律己不嚴也。明有夫多。暗中財旺。干支又帶桃花陰陽等煞。必因酒色濫交。或爲奴婢、或尅夫再嫁也。

庚寅　庚申八專自旺。丙火爲夫星。時干又見丁火。寅戌會局。明暗夫丙戌　多。庚金之情。向丙向丁。意志不定。庚申金暗尅寅亥木爲財。亥庚申　中壬水生之。不免貪戀於財。金水氣清。其人雖聰明美麗。不免貪丁亥　財濫交耳。又如　戊子　甲寅　己未　丁卯。己與甲合。又見卯未會局。偏正夫多。年上倒插桃花。豈爲良婦。　甲辰　癸酉　丙子辛卯。丙子日犯陰陽煞。丙子辛卯。干合支刑。犯荒淫滾浪。二命俱妓。

七曰娼。身旺夫絕。官衰食盛。或傷官傷盡。或官煞混雜。皆娼妓命也。

丁亥　戊土以甲木爲夫星。九月失時無氣。又被庚金尅盡。時引至申。甲

丁亥
庚戌　木絕地。以庚爲食神。歸祿於申。戊辰庚戌。皆魁罡而兼紅豔桃花
戊辰　煞。亥中壬財亦旺。謂之身旺逢生。貪食貪財。非無財帛。惟鈌夫
庚申　星。又　乙亥　丙戌　甲子　丙寅。甲以庚辛金爲夫星。九月金氣
衰退。引至時寅。絕而無氣。兩丙食神太旺。傷其金夫。甲木時上歸
祿。身旺。謂之自旺食盛。衣食雖好。不免風塵墮落。凡女命見食神傷
官多者。除外格取貴外。都此類也。

八曰淫。日干自旺。柱多官煞是也。夫星在干爲明。在支爲暗。
癸亥　丁火在衆水之中。明暗夫多。書云。丁遇壬而太過。必犯淫訛是
壬子　也。又如　癸卯　甲子　己卯　乙亥。己用甲木爲夫星。甲敗於
丁丑　子。乙木偏夫。貼身相尅。亥卯會局。明暗交集。偏夫力强。正夫
壬寅　反迴避無權也。

以上爲八法。更述八格。

一旺夫傷子。　時爲歸宿之地。夫子二星引至時上。夫星生旺、子星衰敗者。為旺夫傷子之命。

丙戌　丁火坐巳自旺。以壬水爲夫星。月支申宮、乃夫星長生之地。時支
丙申　亥宮、爲夫星臨官之地。丁以辛金爲財。七月金旺。乃夫星之印
丁巳　也。兩丙相比。乃夫星之財也。故主夫星聰明富貴。丁以戊土爲
辛亥　子。引至時上。亥宮甲木，能尅戊土。乃子星被尅而難得也。故主

旺夫傷子。

二旺子傷夫。　尅我者爲官爲夫。月令有氣得時。則夫發福。若干支失位。不得月氣。柱中又逢冲尅。時上又無旺氣。是傷夫也。我生者爲子星。引至時上。長生臨官帝旺之地。又無刑尅。是旺子也。

己卯　乙以庚金爲夫星。九月庚金衰退。引至時上絕地。是傷夫也。乙用
甲戌　丙火爲子星。長生於寅。與戌會局。是旺子也。

乙卯
戊寅

三傷夫尅子。　夫星干支失位。生月失時。柱中毫無生扶。又逢冲尅。並且印綬重逢。盜夫之氣。兼尅子星。引至時上，同歸死絕也。

丙子　乙木以庚金爲夫星。十一月金寒水冷。又庚金死於子。地支亥子水
庚子　多。金氣洩盡。四柱無土生扶。故傷其夫。乙木以丙火爲子星。引
乙亥　至時上。乃水旺火滅之地。　雖年時見二丙。而地支無根。　水旺火
丙子　滅。夫子皆亡。

四安靜守分。　夫星有氣。日干自旺。相停無尅。不值刑冲。財食又皆得所。乃安靜守分命也。

癸巳　丁卯專祿自旺。又得亥字會局。是本身旺也。乙木以庚金爲夫星。
庚申　庚祿居申。長生在巳。是夫星旺也。亥中壬水爲夫之食神天廚。故

乙卯　主夫食天祿。自己與夫星各乘旺氣。兩不相傷。毫無混雜。乙庚卯
丁亥　申又作合。主安靜守份。夫婦和諧。

五橫死夭折。　如懸樑溺水血產及被害等不得善終者。乃身弱而遇煞重。煞多尅身。又帶刑冲破敗之類。或命中原有官星受傷。行運復遇官鄉。或無官見傷。運復臨官。原命帶刃無制。運行合刃之地。及亡神刼煞帶合之類。皆橫夭類也。不特女命如是。男命亦同。

丁卯　庚金以丁火爲官星。被癸水傷尅。子辰會局。尅之太重。水多金
癸丑　沉。一交丁巳運。傷官見官。又會丙煞尅身。故有溺水之害。又
庚辰　壬子　癸卯　甲戌　丁卯。月令陽刃。時逢丁卯。傷官陽刃。子刑
丙子　戌合。四柱無夫星財星。癸酉年不得善終。凡女命官煞太重。陽刃
　無情。非淫濫卽凶亡也。

六福壽兩備。　福壽兩備者。造化之中和。格局之純粹也。身坐旺鄉。通於月

令之氣。支干相輔。更帶財官印綬。各得其位。不行脫財壞印傷官之局。尤喜食神天廚財印之鄉。此一生享用。福壽兩備之命也。

丙午　辛酉專祿自旺。以癸水爲子星。得祿於子。通月令之氣。爲天廚壽
庚子　星。子星得地也。辛以丙爲官。丙火歸祿於巳。夫星得地也。十一
辛酉　月生人。有金白水清之象。干支上下相輔。毫無損傷。主爲人端莊
癸巳　美貌。夫子相停。福壽兼備之格也。

七正偏自處。　**正**偏者，夫婦相合。復遇比肩爭財。如一位夫星。有兩位妻星相合。名爲爭合。日元自旺。彼身值衰。四柱不冲。則我正而彼爲偏。若彼旺我衰。四柱冲我。則彼正而我偏矣。蓋身旺有氣。則夫從我爲正。我身衰而別位旺。則夫從別位。我反爲偏矣。或自旺太過。柱無夫星者。亦爲偏。或官煞混雜。傷官太重。均偏妻命也。

壬子　辛以丙火爲夫星。日坐酉支。專祿自旺。時上辛卯之金。雖爭合丙

丙午　官。卻無力。我旺彼衰。故我爲正而彼爲偏。又如　癸未，壬戌，
辛酉　癸巳，壬子。癸　以戊土爲夫星。癸巳水弱。壬子水旺　。弱不能勝
辛卯　旺。被壬水爭去正夫。乃彼正我偏也。

八招嫁不定。　何謂招嫁不定。月令有夫星透干。與己相合。其夫星卻無氣。時引官星或煞。卻乘旺地來尅己身。又從服偏夫。謂之招嫁不定。若夫星不旺。或受尅制。必嫁夫遲。或夫不濟事。

癸酉　巳土以甲木爲夫星。生於十一月失時。時逢亥宮甲木長生。是夫旺
甲子　也。不合更見乙木。未爲乙木庫地。亥未相合。其情密切。甲生子
巳未　月。夫臨敗地。不顯。時逢乙亥。亥中木氣長生，反助乙木。巳
乙亥　土向甲。又向乙也。此爲招嫁不定。

以上八法八格。乃女命特殊之點。至於富貴貧賤窮通壽夭。又與男命一例同推。閱上福壽純和等造自明。男子地位複雜。女子環境簡單。女命不在自己求

發展。而在夫子兩星向榮。能看男命。更明瞭女子與男子地位不同之點。則舉一可以反三矣。（書云、女命純粹者。四柱休囚。蓋日主休囚。卽夫子兩星旺地也。除專旺從化等變格外。不能出其範圍。）

再論女命

女命以年月爲母家。以日時爲夫家。日爲夫。時爲子。喜用福神聚於日時上。因夫子而貴。婦女之福。在夫與子。若喜用福神聚於年月胎上。只是生於富貴之家。終不爲夫子之福。

喜用忌見冲動。女命以官星爲夫。尤忌見冲。不必官煞混雜。方爲多夫。凡夫星見冲動者。亦爲淫濫多夫之命。此可補八法八格之缺也。如

女命。　壬寅，壬子，乙酉，己卯。

女命。　乙卯，乙酉，乙卯，丙子。

女命。　乙巳，丁亥，癸酉，庚申。

女命忌合。干合支合。均非所喜。尤以雙鴛合爲忌。雙鴛合者。如一己見二甲。一乙見二庚。一辛見二丙。一丁見兩壬。一癸見兩戊之類。或四柱元有甲己。又有乙庚、子丑、寅亥。兩兩對合。謂之雙鴛合。女命見之。皆不爲良。更帶桃花者。謂之雙鴛煞。尤爲不美。

女命寅申己亥多者。主雙生。亥字多者雙生男。己字多者雙生女。蓋亥爲雙魚。巳爲雙女。由星盤來。確否猶待證明。

女命犯卯酉多者。主脅痛血刺墮胎等疾。如上壬寅乙卯兩造均是。更列兩造於下。

女命。　辛丑，丁酉，辛卯，辛卯。　盲腸炎疾。

女命。　己酉，丁卯，辛巳，甲午。　手術墮胎。且煞帶桃花。雖出舊家。終爲偏妻之命。

歐美人之命

命理是否適用於歐美。洵一研究之問題。命理推算。以太陽爲根據。月令依節氣。屬於緯度。北溫帶所同也。日時屬於經度。以歐美之時刻。改合我國時刻者。誤也。必須以當地之時刻爲準。要知時刻隨太陽轉移。我國沿海諸省。較之川藏。相差甚鉅。前曾於子平粹言經野篇中詳述之。茲承友人張君。示予以現代世界怪傑羅斯福。墨索里尼。希特勒。三人之生年月日時。張君素事歷史學。爲我國之著名學者。其所記錄。必有根據。茲照商務出版之陰陽曆對照表。列式於後。

羅斯福　生於一八八二年一月三十一日下午八時。卽光緒七年十二月十二日戌時。（當地時刻。下仝。）

辛巳　9庚子　身強敵煞。假煞爲權。尤妙在十二月之丙火。二陽進

辛丑　19己亥
庚午　29戊戌
丙戌　39丁酉
　　　49丙申
　　　59乙未

氣。冬日可愛。雖威權在握。而爲全國人民所愛戴・庚金刦助雖多而退氣。大運扶身。方能用煞。今年五十九。在申運末。如命理有憑。明年必大出風頭。而有驚霆不測之險。下次大選。或將放棄競選乎。

墨索里尼 生於一八八三年七月二十九日下午二時。卽光緒九年六月二十六日未時。

癸未　7戊午
己未　17丁巳
甲戌　27丙辰
辛未　37乙卯
　　　47甲寅
　　　57癸丑

甲己化土於四季月。獨於未月。艱於從化。蓋未爲木庫。木有餘氣也。況官印相生。木有生機。才多用比。運至甲寅。當國秉政宜矣。天干正財正官正印。位至首相而非君。華蓋重逢。性情必怪僻。但此華蓋是貴人。六月見甲。又是天德。書云若還臨旺相。定是作三公。祿馬秀氣扶持。當封爵。此造得大運扶持。一時人傑。固非無因也。

希特勒　生於一八八九年四月二十日下午六時三十分。即光緒十五年三月二十一日酉時。

己丑　5丁卯

戊辰　15丙寅

丙寅　25乙丑

丁酉　35甲子

45癸亥

55壬戌

三造之中。此造最奇。以命理論。當以酉金爲用。酉爲貴人。富真貴假。元首之尊。殊不可解。或有錯誤。亦未可知。

以上三造。聊以備研究。未可爲準。其中問題尚多。時刻隨太陽而轉移。日元亦當隨之轉移。美國一月三十一日之戌時。爲此土二月一日之辰時。日元當推上一日。抑推下一日。猶待有志研究者之試驗證實。庶幾有裨實用也。

論年日為主

或問神煞以年爲主。而子平法以日爲主。子談子平而兼取神煞。究以孰爲主乎。曰。言爲主者。干支八個字皆有交互之用。八個字之中。以日干爲主。非棄年月時而不論也。古人論神煞。大都從年取之。所謂太歲爲衆煞之主是也。然亦有從月取者。如天月德月將是。亦有兼論日元者。如陽刃空亡是。而從年取之神煞。非見之於日時。則不論。古訣云。煞中包煞方爲貴。不在年干在日時。試閱子平粹言古法論命篇引證諸命造自明。可見古法雖以年爲主。未嘗不重日時也。今以日爲主。而參以年取之神煞。何嘗不可融會貫通。冶爲一爐。夫論徵驗以六神爲綱領。六神卽天星。（詳粹言天干諸星起例）六神之徵驗。以日爲主。較之年命爲準確。此子平法所以易年爲日也。今六神從日。神煞從年。取其所長。捨其所短。不亦可乎。

論合婚

前論借妻安子法。曾謂合婚合得好。有挽回造化之妙。究應如何合法。方無遺憾。此非片言所能盡也。茲舉兩例如下。『看法詳姑妄言之評稿選錄。今專論其合婚。』

男命。　戊戌、辛酉、戊戌、丙辰。

女命。　辛丑、辛丑、壬寅、辛丑。

男命戊戌。魁罡逢冲必尅妻。女命孤叔同辰。亦多刑尅。兩命相配。男命土旺喜洩。女命適補其缺。此配合之巧。應尅變爲不尅矣。所惜美中不足。男命秋土固喜丙火爲福。而丙辛並透。不免覊合用神。若女命爲壬寅時。制住丙火。更有相得益彰之妙。幫夫興業。豈虛語哉。

男命。　壬寅、戊申、丙寅、癸巳。

女命。　戊戌、甲寅、己亥、癸酉。

此兩造艱於子息。以男命論之。壬水爲子。引至時上絕地。古訣云。受氣爲絕一個子。況壬癸並透。雖有戊土出干。若配合得好。一花一果。不爲奢望。女命以辛金食神爲子。辛祿在酉。子息應在四五之間。兩造乘除消息。二三不爲多。何致興伯道之歎。不知此合婚之誤也。賦云。水爲子嗣。毋忌中央。男命壬水爲子。而配以戊戌己亥土命。女命辛金爲子。而配以丙寅旺火。交互相尅。有子變爲無子矣。

以生尅制化爲嚴格之配合。可遇不可求。若以此法與人合婚。而求其全。百中難得一二合。將更爲社會所詬病。故只可爲知者道。至於普通合婚。無非三元九宮。其法至爲簡便。列表如下。按圖索驥。驗否非所論。然以之數行外行。則有餘矣。

男命　上元甲子起一白。逆行。　中元甲子起四綠。
　　　下元甲子起七赤。（中五寄坤。）

女命　上元甲子起五黃。順行。　中元甲子起二黑。
　　　下元甲子起八白。（中五寄艮。）

三元九宮生命定局專論年命

男命	女命	上元						
一白坎	五黃中宮寄艮	甲子（同治三年）	癸酉	壬午	辛卯	庚子	己酉（宣統元年）	戊午
九紫離	六白乾	乙丑	甲戌	癸未	壬辰	辛丑	庚戌	己未
八白艮	七赤兌	丙寅	乙亥（光緒元年）	甲申	癸巳	壬寅	辛亥	庚申
七赤兌	八白艮	丁卯	丙子	乙酉	甲午	癸卯	壬子（民國元年）	辛酉
六白乾	九紫離	戊辰	丁丑	丙戌	乙未	甲辰	癸丑	壬戌
五黃中宮寄坤	一白坎	己巳	戊寅	丁亥	丙申	乙巳	甲寅	癸亥
四綠巽	二黑坤	庚午	己卯	戊子	丁酉	丙午	乙卯	
三碧震	三碧震	辛未	庚辰	己丑	戊戌	丁未	丙辰	
二黑坤	四綠巽	壬申	辛巳	庚寅	己亥	戊申	丁巳	

男命	女命	中元							
一白坎	五黃中宮寄艮		丁卯	丙子	乙酉	甲午	癸卯	壬子	辛酉
九紫離	六白乾		戊辰	丁丑	丙戌	乙未	甲辰	癸丑	壬戌
八白艮	七赤兌		己巳	戊寅	丁亥	丙申	乙巳	甲寅	癸亥
七赤兌	八白艮		庚午	己卯	戊子	丁酉	丙午	乙卯	
六白乾	九紫離		辛未	庚辰	己丑	戊戌	丁未	丙辰	
五黃中宮寄坤	一白坎		壬申	辛巳	庚寅	己亥	戊申	丁巳	
四綠巽	二黑坤	甲子	癸酉	壬午	辛卯	庚子	己酉	戊午	
三碧震	三碧震	乙丑	甲戌	癸未	壬辰	辛丑	庚戌	己未	
二黑坤	四綠巽	丙寅	乙亥	甲申	癸巳	壬寅	辛亥	庚申	

男命	女命	下元						
一白坎	五黃中宮寄艮		庚午	己卯	戊子	丁酉	丙午	乙卯
九紫離	六白乾		辛未	庚辰	己丑	戊戌	丁未	丙辰
八白艮	七赤兌		壬申	辛巳	庚寅	己亥	戊申	丁巳
七赤兌	八白艮	甲子	癸酉	壬午	辛卯	庚子	己酉	戊午
六白乾	九紫離	乙丑	甲戌	癸未	壬辰	辛丑	庚戌	己未
五黃中宮寄坤	一白坎	丙寅	乙亥	甲申	癸巳	壬寅	辛亥	庚申
四綠巽	二黑坤	丁卯	丙子	乙酉	甲午	癸卯	壬子	辛酉
三碧震	三碧震	戊辰	丁丑	丙戌	乙未	甲辰	癸丑	壬戌
二黑坤	四綠巽	己巳	戊寅	丁亥	丙申	乙巳	甲寅	癸亥

男女合婚定局

卦／宮	生氣		絕體		五鬼		絕命	
男女	一四	六七	一九	六二	一七	六四	一二	六九
男女	二八	七六	二六	七八	二三	七一	二一	七三
男女	三九	八二	三四	八七	三二	八九	三七	八四
男女	四一	九三	四三	九一	四六	九八	四八	九六

卦／宮	天醫		游魂		福德		歸魂	
男女	一八	六三	一六	六一	一三	六八	一一	六六
男女	二四	七九	二九	七四	二七	七二	二二	七七
男女	三六	八一	三八	八三	三一	八六	三三	八八
男女	四二	九七	四七	九二	四九	九四	四四	九九

上列合婚定局。乃小游年變卦也。亦名翻卦。以五星論。貪狼爲生氣。屬木。巨門爲天醫。祿存爲絕體。屬土。文曲爲游魂。屬水。廉貞爲五鬼。屬火。武曲爲福德。破軍爲絕命。屬金。輔弼從本宮。爲歸魂。乃伏吟也。無專屬。詳協紀辨方。

查法。男一宮、坎。女四宮、巽。水風井、一四爲生氣卦。男一宮、坎。女九宮、離。水火既濟、一九爲絕體卦。倣此推之。合得生氣。天醫、福德者、爲上婚。絕體、游魂、歸魂者。爲中婚。五鬼、絕命、爲下婚。

以上合婚法。普通萬年曆皆有之。但無說明。今詳列之。一檢便得。然合婚。東西四宮…亦當兼論。『震巽坎離爲東四宮。乾坤艮兌爲西四宮。』男女宜同宮。否則。組織家庭。宅舍床灶。利於男不利於女。利於女不利於男。受累不淺矣。普通合婚。均置不論。故附及之

姑妄言之

樂吾評稿

繼錄

姑妄言之

東海樂吾氏評稿選錄

（以年歲先後爲序）

左同治四年十月初九日午時

乙丑

丁亥

庚子

壬午

6	16	26	36	46	56	66	76
丙戌	乙酉	甲申	癸未	壬午	辛巳	庚辰	己卯

庚金至亥病地。以臨官之旺水。洩病死之衰金。其弱可知。况亥子丑成方。傷官會黨。庚金無根。年支丑宮一點墓庫之金。洩耗盡矣。書云。傷官不忌刼財鄉。四柱雖不見比刼。不能不取比刼爲用也。金水傷官喜見官。月干丁火。被壬水合去。午宮丁火。被子水冲破。聰明太過。官星可望而不可卽。傷官旺而生財。乙木財星。情向於庚。一生惟財

姑妄言之

可念。祖基洩耗已盡。雖有若無。子午冲在妻子兩宮。糾葛煩惱。均由此出。時支午。爲咸池桃花。因桃色糾紛。引起妻宮之冲突。固意料中事也。丁火爲子星。與金水之體。背道而馳。且起衝突。其父子各不相謀。情誼不洽。又可知也。五福壽爲先。庚金雖弱。而大運逆行。自西而南。綿綿不斷。須至寅卯方絕。則其壽元當在八旬外矣。

一生運程。惟乙酉甲申二十年。財官並茂。西方比劫旺地。扶助日元。自能任用財官。癸未壬運。傷官生財。亥未會財局。當棄政而商矣。午運妻子宮必起決裂。辛巳庚辰。歲寒松柏。老而彌健。

左同治十年五月初五日未時

辛未　甲午　甲午　辛未

5 癸巳　15 壬辰　25 辛卯　35 庚寅　45 己丑　55 戊子　65 丁亥　75 丙戌

仲夏木火傷官。以用印（水）爲正。原局見印。方可用官。辛金官星雖兩見。但以無印之故。如珠玉投於洪爐。不足以爲用明矣。木火成灰。四柱無滴水解炎。名曰傷官反奇。理同炎上。格局之變也。故運宜東南。忌行西北。辛未年命。值辛未時。重蓋重金。午未相合。月將扶德。格局清貴。性情亦奇特。惜官星不能爲用。雖具官癖。虛榮心重。終難遂其志。好在格變炎上。在東南運中。自有一番事業耳。子卜三技。巳運。交得太早。壬辰運。喜在東南。雖辛苦艱難。自有欣欣向榮之氣。以火性炎上故也。辛卯庚寅二十年。蓬蓬勃勃。雖庚辛蓋頭。流年金水。不免屢蹶屢起。然在遜清。一署武進知縣。進入

姑妄言之　三

姑妄言之

民國。再任烟酒公賣局長。不可謂非最得意時也。己丑運。初入衰鄉。猶有餘福。然運轉北方。火勢下熸。欲重振旗鼓。其可得乎。枉用心機。徒勞無益。造化元鑰云。五月用丁。雖行北運。不致於死。故子運無恙。丁火至亥而絕。若流年不絕。壽元可延至丙運。

四

左同治十一年十一月初一日午時

壬申
辛亥
壬午
丙午

2 壬子
12 癸丑
22 甲寅
32 乙卯
42 丙辰
52 丁巳
62 戊午

壬水長生於申。臨官於亥。金水汪洋。其旺可知。午宮己土。不足以止水。官星不得力。只能用丙火偏財。無如財露被刼。不能不籍亥宮甲木。化比生財。所謂水火對峙。取木通關是也。才旺生官。故品方行正。雖官職不高。自得天爵之尊。財露被刼。故終窘於財。而爲金錢所困。壬水旺於年月。得自上蔭。失自上蔭。丁巳祿在日時。琴絃重整。子多而賢。

早運壬子癸丑。蔭庇之下。不掌財權。無礙。甲寅乙卯運。食傷得地。化比生財。甲寅驛馬。喜用發動。尤爲得意之秋。進入丙運。偏才透露。引起羣比之爭。椿庭失蔭。資產蕩然。刼耗之重。無可避免。辰丁巳三運。悉在困窘之鄉。直至戊運。煞旺制比。稍稍安定。

姑妄言之

然已老矣。至午運。甲木用神死地。戊寅年。犯太歲。歿。按此造以甲木爲用。與下壬辰一造以戊土爲用。辨別至微。閱者宜參閱之。

姑妄言之

左光緒四年三月廿一日卯時

戊寅
丙辰
辛未
辛卯

4 丁己
14 戊午
24 己未
34 庚申
44 辛酉
54 壬戌

辛金生於三月。戊土正印秉令。雖母旺子相。而三春之金。終不作旺看。論格局。爲財旺生官。論用神。爲財多用比刼。金聲玉振賦云。辛騎羊兎。富比陶朱。羊兎，卯未也。此造卯未財星結

局。寅卯辰又氣全東方。局面偉大。鉅富奚疑。四柱財旺生官。丙火官星又與辛金相合。地位接近政界。年月丙戊官印。透自寅宮。年爲祖基。財官印全備。財富、官祿、福蔭、自上代一路而來。王謝門第。顯然可見。但辛金珠玉之質。以壬水爲秀氣。丙戊官印化爲權。四柱無壬。富重貴輕。富握重權。非財政界之巨擘。卽金融界之領袖也。地位不在特簡之下。財爲妻星。寅宮正財。退處於無權。偏才多而雜。時支卯又爲咸池。偏才雜亂而帶咸池。內嬖外

寵。桃杏爭妍。年月丙寅戊辰。交互犯紅豔桃花。春色滿園。子息宮官臨沐浴。子卜兩枝。時犯辛卯。九醜帶咸池。爲淫欲妨害煞。時爲歸宿之地。其能善其終乎。

大運三十五歲前南方官印運。上承福蔭。寄跡官途。非正運也。庚申辛酉廿年。辛金得地。身旺任財。財星方局。悉聽支配。盛極一時。莫可與京。辛酉爲紅豔桃花。更多外寵。壬戌之後。所謂運初入於衰鄉。猶饒餘福是也。盛極難爲繼。支絀踽蹶。其能免乎。

左光緒四年十一月三十日申時

戊寅	5 乙丑
甲子	15 丙寅
乙亥	25 丁卯
甲申	35 戊辰
	45 己巳
	55 庚午

乙木生仲冬。值甲寅。名滕蘿繫甲。可秋可冬。蓋乙木衰竭之性。倚甲轉爲生旺。其用與甲木無殊也。寒木向陽。不可無火。水盛木腐。不可無土。取寅宮丙戊爲用。丙火爲主。戊土爲佐。乃不易之法。財露見刼。一生與阿堵無緣。

然決不致窮困聊倒。日時兩貴。夾護日元。亥子寅夾丑。爲甲戊之貴。天干四字。無一不臨貴人。同學少年多不賤。決不使斯人獨憔悴也。況乙木倚甲。而甲逢生得祿。樓台近水。甯有窮途之慮。申宮官貴臨驛馬。其發動當在晚年。正偏印太重。洩官星之氣。而財不足以破印生官。人爵之貴。究不如天爵之尊。寅申海底逢冲。老境總不免寥落耳。

冬木喜行生旺之地。忌死絕之方。丙寅運策動驛馬。發軔之初。轟轟烈烈。腳靴手版。非所屑也。接行丁卯。聲譽大著。盛極一時。戊辰巳運。財旺逢刼。黃金散盡。名亦隨之。巳運四冲。風波疊起。氣轉南方。環境變更。巳申合起驛馬。庚金官星發動。用在丙卯而行庚宦。宦海生涯。當非其所願。無如接行庚運。官貴逼人。欲避免而不可得也。進入午運。尋得桃源好避秦。

左光緒十八年九月二十七日寅時

壬辰
辛亥
壬子
壬寅

7 壬子
17 癸丑
27 甲寅
37 乙卯
47 丙辰
57 丁巳

壬水冲奔之性。生於十月水旺之時。天干三壬並透。地支亥子辰會聚。金水汪洋。一瀉千里。非用戊土。不能阻止其泛濫。非用丙火。不能調和其氣候。書云。月令建祿。都無祖屋。一見財官。自然發福。正謂此也。加以日坐陽刃。

姑妄言之

更非戊土不能制。寅宮丙戊長生。用神在是。固無疑也。亥宮甲木長生。寅宮甲木臨官。寅亥六合。爲壬水之食神。食傷主聰明秀氣。水木清華。聰秀得自天賦。然木旺土潰。則聰明反被聰明誤矣。且寅爲驛馬。發動之神。月令臨官之水。刧時上長生之財。來如潮湧。去如潮落。交入甲寅驛馬運。勢必不肯安常守份。騎虎難下。欲罷不能。更怕流年申來冲寅。策動驛馬。不傾其家不止。蓋用神被傷。木旺得地。區區戊土隄防。潰決盡矣。

姑妄言之

早年壬子癸丑。椿蔭先凋。中年甲寅乙卯。大起大落。蓋食傷旺而生財。財來必鉅。羣比爭財。無官煞爲衛。木旺土崩。財不能留。徒增煩惱耳。晚年丙辰丁巳。引起比刼之爭。更乏善況。近見一造。壬子。辛亥。壬辰。壬寅。亦是此類。最好避免經營商業。單身向政界謀發展。或是趨吉避凶之道乎。

左光緒二十年八月十八日寅時

甲午	7 甲戌
癸酉	17 乙亥
壬戌	27 丙子
壬寅	37 丁丑
	47 戊寅
	57 己卯

八月壬水。辛金正印秉令。取印爲用者。名金白水清。最忌戊己土混濁。則失其貴。土爲四時間雜之氣。無時無刻不存在。寅午戌中皆暗藏土。無形阻塞。足爲金水之病。故見甲木出干破土。名爲文星。金水澈底澄清。必爲詞

臣顯官。寅午戌火局。財旺有損印之虞。用神須取印比互助。而以甲木爲輔。比刦並透。制住財星。甲木去煞而不生財。名重利輕。乃清貴之品。名山事業。自足千秋。豈必特簡虛榮。方足爲貴哉。然論地位。固不在特簡下也。午酉相破。門户見動搖之象。然年支午宮。財官得祿。月令正印又得祿。世祿之家。顯然可見。富貴福蔭。自上代來。午會寅戌。連於日時。財富閥閱。直達後嗣。濁富中見清貴。亦格局之奇也。惟比刦並透。慷慨性成。若捨名求利。不免刦耗重重。是則宜知所趨避也。

大運以亥丙子十五年爲極盛時代。子運去財護印。地位最高。丁丑同是北方運。而丁運防刦耗。丑運雖會金局而土重爲病。此所謂運初入於衰鄉。猶饒餘福是也。

姑妄言之

左光緒二十年四月二十日亥時

甲午　4庚午
己巳　14辛未
丙寅　24壬申
己亥　34癸酉
　　　44甲戌
　　　54乙亥

丙火月令建祿。加以寅午會局。炎威莫當。必以亥宮壬水爲救。無壬。名孤陽失輔。難透清光。四月水臨絕地。四柱又無金相生。好在胎元庚申。申宮有長生之水。得祿之金。暗中扶助。故亥宮壬水爲可用。年逢午火。陽刃朝元。煞

刃相制。貴必就武。惟煞刃均不秉令。官階地位。均不過中等耳。丙己出干。晦火之光。得年干甲木。掃除塵埃。不損其貴。亥爲劫殺。丙寅紅豔桃花。寅亥六合。恐不得正命。河山破碎。馬革裹屍。固軍人份內事也。

統論全局。火旺水衰。畢生事業。全在壬申癸酉二十年中。刃旺煞輕。而行煞旺之地。正飛黃騰達之時。獨煞爲權。必握兵柄。掌生殺權。交入甲運之後。閉門推出牕前月。莫管人間是與非。

左光緒廿一年二月二十七日亥時

乙未　己卯　己巳　乙亥

7	17	27	37	47	57
戊寅	丁丑	丙子	乙亥	甲戌	癸酉

己土生於二月。兩乙出干。支全亥卯未木局。滿盤七煞。好在日支臨巳。丙火得地。正所謂衆煞猖狂。一仁可化也。二月巳土。以丙火爲真神。無如時支逢亥。冲破巳宮。用神被傷。受病甚深。倘巳亥易位。亥在上宮。巳居帝座。亥卯未連枝並樓。卽不冲巳。雖冲亦無礙。今亥在時。隔位會卯未之木。勢必去巳而後已。八箇字地位之不可移易。有如是者。己土通根於未。胎元在午。祖基深厚。福蔭有餘。日支爲妻宮。喜用薈萃於巳。在理應亦得內助之力。無如巳亥一冲。妻宮必發生裂痕。爲不可彌補之缺陷。巳爲驛馬。亥卯未全而見巳。三人騎一馬。名曰折足。又值空亡。欲不顛蹶得乎。

早年寅運。合亥解冲。去病最吉。丙丁化煞。享蔭下福。交進亥運。冲動驛

姑妄言之

姑妄言之

馬。福無雙至。禍不單行。蓋滿盤七煞。恃此一點丙火解救。今冲而去之。則蔭福之享受去。妻宮之裂痕起。而七煞攻身。二竪之困。亦必隨之而至矣。辛巳歲運不和。當是黃楊厄閏之年。

一四

左光緒二十四年正月廿二日戌時

戊戌　甲寅　丙午　戊戌

2 乙卯　12 丙辰　22 丁巳　32 戊午　42 己未　52 庚申

丙火生於正月。支全寅午戌火局。四柱不見滴水。乃炎上格也。炎上不論真假。皆宜運行東南。窮通寶鑑云。生居離位。果斷有爲。若居坎宮。謹畏守禮。蓋火性炎上。順其性則生旺。逆其性則歇滅。無絲毫迴旋餘地。此造一路東南生旺之運。固宜轟轟烈烈。名利兼收。無如戊土出干。晦火之光。甲木能去年上之戊。不能去時上之戊也。光明被晦。則不貴。戊土爲食神。能生其財。轉爲富格。戌年見戌時。華蓋重逢。華蓋爲藝術之星。孤高之宿。其以藝術致富必矣。甲丙戊體用同宮。生氣蓬勃。雖非政界。必有聲於時。在社會上有相當地位者。惟陽刃華蓋。臨於妻子之宮。不免刑尅多耳。大運五十年東南運。順利無阻。極爲難得。庚申之後。日落西山。

姑妄言之

左光緒二十四年八月十七日辰時

戊戌
辛酉
戊戌
丙辰

2 壬戌
12 癸亥
22 甲子
32 乙丑
42 丙寅
52 丁卯

戊戌魁罡重見。土厚而重。月令當旺之辛金洩秀。用神明顯。無待贅述。但仲秋之土。究屬寒土。無丙晒癸滋。（丙爲太陽。癸爲雨露。）萬物不得暢茂。不論其强與弱也。造化元鑰云。秋土氣洩而寒。火重不厭。得火補土精神。五

姑妄言之

福完人。以丙火爲福蔭明矣。此造福蔭有兩重。一自祖基出。一自妻宮來。蓋戌爲火墓。丙印自年支透出。又從妻宮透出也。可惜丙辛並透。羈合用神。好處在此。壞處亦在此。凡用傷官者。皆勞心勞力。無丙火蔭福。也能事事現成。一帆風順。然辛金被丙羈合。處處受其牽制。設丙辛兩字。一透一藏。各得其用而不相礙。卽爲上格。論地位可至簡任。特牽制太重。正恐欲進行而不可得耳。妻宮辰戌逢冲。雖是明冲。終不免有障礙。然梟印在時。又好在辰

戌一冲。冲開財庫。故有瓜瓞綿綿之慶。原命丙火高透。運行財地。正合丙晒癸滋之用。最爲上乘。入後運轉東方。丙火太旺。福蔭愈厚。正恐牽制之力亦愈重耳。

左光緒二十四年九月初九日卯時

戊戌
壬戌
己未
丁卯

5 癸亥
15 甲子
25 乙丑
35 丙寅
45 丁卯
55 戊辰
65 己巳

己土生於九秋。萬物收藏之時。寒氣上升。內實外虛。必須丙癸兼資。丙為太陽之火。癸為雨露之水。日暄雨潤。萬物乃遂其生。今無丙癸而透丁壬。力用不殊。効應減色。戊土出干。卑溼之己土。化為高亢。四柱無甲木疏闢。戊己塊然不靈。乃頑土也。格難取貴。天干壬水之財。為戊土所刼。所喜日時卯未拱亥。為壬水之祿。此無形之財也。且得卯未偏官衛護。非戊土所能刼奪。故貴雖不足。富則有餘。己土恃戊土之勢。非卯木所能尅。煞化為官。性情純厚中正。出於秉賦。丙火雖不見。而四柱咸藏丁火。蔭庇偏優。妻宮未為陰刃。喜有卯木制之。過丑運不尅。白頭偕老矣。時支卯木。印帶咸池。小星奕奕。子息四五之間。壽元古希以外。此

姑妄言之

造格用均無可取。而財官印一氣相生。運亦如之。柱無食傷。元氣不洩。渾樸厚重。庸庸者多厚福。信然哉。

左光緒二十九年三月廿四日申時

癸卯
丙辰
己卯
壬申

5 乙卯
15 甲寅
25 癸丑
35 壬子
45 辛亥
55 庚戌

己土生於穀雨日。雖值土旺用事。而辰申會合。壬癸並透。春寒溼重。才多身弱。己爲卑溼之土。又值春陰濃重。非丙火照暖。土無生意。故所恃者、惟丙印也。無如才多偪印。非卯木引化其間。洩水生火。印必被損。好在年日兩卯。煞印相生。年支屬祖基。印為母蔭。可見早年在慈蔭之下。享安閒之福。盡從祖基而來。日支屬妻宮。亦生丙印。可見中年所享之福蔭。得內助之力也。惟卯木為七煞。雖有印化。終嫌與日元為相尅。氣誼不相投。而己土恃其力以自存。不能不降心相從。官煞為子。引至時上絕地。終於無子可知矣。

早運乙卯甲寅二十年。官煞旺地。自能生助印綬。蔭庇之下。享盡富貴。廿六歲交入癸運。加以運轉北方。才旺破印。慈蔭凋謝。而本身太弱。不能負荷其財。輕船重載。數十萬遺產。揮霍以盡。猶幸有妻宮卯木。洩財生印。仗內助之力。資岳家遺產以維生活。入後一派財運。殆恃妻財以終老矣。才為妻星。壬水日坐長生。才旺極矣。更有得祿之庚金生之。其妻財亦得自上蔭。卯宮乙木。情向乎庚。所得妻財。仍歸妻家。亦顯然可見也。

姑妄言之

姑妄言之

左光緒二十四年二月二十四日寅時

戊戌　乙卯　戊寅　甲寅

7 丙辰　17 丁巳　27 戊午　37 己未　47 庚申　57 辛酉

仲春戊土。必須水火兼資。木旺秉令之時。無丙則土不暖。無癸則土不潤。無才無印。決非佳造。此造乙木臨官在卯。甲木臨官在寅。甲乙並透。官煞會黨。兩不相下。官煞、皆我之君也。官煞各乘旺氣。則所事之君非一。事齊事楚。奔走於兩大之間。柱無庚金。不能去一留一。用神兩歧。一生意志無定。見異思遷。不得已惟有用寅宮丙火以化官煞。則現在運行南方。未始非佳運也。故能得一枝棲。隨遇而安。然而四柱無滴水之財。所行又是刼財運。金錢隨手得來。隨手用去。終無積聚。小人無財。未始非福。一見財星。必然黨煞攻身。官煞交尅。不傾覆不止也。此爲機關中一茶役之命。

左光緒三十三年三月十八日辰時

丁未　8 癸卯
甲辰　18 壬寅
巳酉　28 辛丑
戊辰　38 庚子
　　　48 己亥
　　　58 戊戌

甲己相合。生於土旺之月。時逢戊辰。龍蛇起蟄。變化以生。年透丁火。偏印助旺。格成化土。真而又真。凡從化格局。不宜見洩。從才見官煞。從煞見印。皆不成從。化亦如是。化氣見洩。耗竊元神。最爲成格所忌。化格之必以印爲用。正以旺氣不純。只能助其旺。不可損其氣也。此造化之條件俱備。不合日支臨酉。土之元神暗洩。外强中乾。若能運行南方。助其旺氣。未嘗不轟轟烈烈。雖終於無成、亦可有短時間之得意。不幸大運自東而北。尚何言哉。年上丁火。所恃全在上蔭。酉在日支。困頓在中年。妻宮助力。亦可知也。早運癸卯。戊癸化合。卯字得酉回冲。以忌去忌。蔭庇之下。最爲舒適之時。壬運爲戊土所制。又在東方。得丙火之氣。出場鋒鋩甚利。惟壬水合傷

姑妄言之

丁卯。重闈失蔭。亦在斯時。寅運甲木臨官之地。還原破格。一敗塗地。辛丑之後。運轉北方。化土氣洩而寒。也能生萬物。其不能重振旗鼓。勢使然也。近見一造。甲午、甲戌、己酉、庚午。化土不如上造之完備。然亦成格。亦以酉庚洩氣。百萬家資。消耗無形。古人云。有用只論用。無用方論格。成格之造。大多偏枯。無用可取。不得已順其旺勢以取格。故有成者爲王敗者爲寇之象。非佳朕也。今人專以成格爲貴。豈其然歟。

二三

左光緒四年八月十二日子時

戊寅

庚申

己丑

甲子

1 辛酉
11 壬戌
21 癸亥
31 甲子
41 乙丑
51 丙寅

己丑甲子。上下相合。交互得貴。名曰天地德合。己土情向乎官。密合無間。無如月令傷官當旺。庚金出干。傷尅官星。官傷勢均力敵。用官用傷。頗費斟酌。官傷兩停。祇能用財以通關。但己土生於白露前一時。總屬寒土。造化元鑰云。三秋金神秉令。子旺母虛。得火榮。終歸幻境。無火暖土。晚境寥落。補土元神。此人名魁天下。五福完人。四柱僅寅宮有一點丙火。其結局所恃。此造四柱無火。己土虛寒。雖有官貴。仍不能離乎祖基也。財爲妻星。可以化總嫌福澤欠缺。月令傷官當旺。聰明性傷生官。無如子丑一合。化爲泥漿。利傲。出自秉賦。甲木官星得貴。與日元於土不利於水。內助少明察之智。官爲交互密切。更得財生。必貴之徵。但聰子星。引至時上沐浴之鄉。兩子承歡。明反被聰明誤。一生前程。亦斷送於聰甲木爲子。而本身見庚金洩秀。金木不明性傲四字之中。卽由於官傷並透之故相容。豈非背道而馳。父子之情不洽。也。年月寅申相冲。祖基動搖。申爲驛基本缺點。無火故也。馬貴人所聚。雖祖基而別謀發展。時上大運辛酉壬三運。聰明秀發。戌運病官星得貴。其發展之途。無非宦海生困。然寅戌會局。亦是最享福蔭之時。涯。官至簡任。官星又被傷。一時虛癸亥甲子二十年。財旺化傷生官。平生

姑妄言之

得意之秋。尤以子運天乙加臨爲最。乙運、乙庚作合。傷官旺而去官。丑運傷官入墓。困頓之境。丙運舒適。寅運庚金臨於絶地。甲戌斷絃。乙亥喪明。丁丑年逝世。

右爲予伯兄之造。官傷力停。取用非易。曾摘載於子平粹言。茲將予昆季數造。並錄於後。藉以見推測之一班。予叔兄造。

癸未　7 辛酉
壬戌　17 庚申
　　　27 己未

丁未　37 戊午
戊申　47 丁巳
　　　57 丙辰

年月戌未相刑。祖基同見動搖。九月火炎土燥。以金水爲需要之神。雖壬癸官煞混雜。用神兩歧。而時逢申宮。妻子宮得力非常。看兒曹別創事業。庸庸者多厚福。信然哉。大運僅辛酉庚申二十年。廿七歲後。無事可爲。至巳運壬水絶地而歿。鄙人自造

丙戌　10 癸巳
　　　20 甲午

壬辰	30乙未
丙申	40丙申
丙申	50丁酉
	60戊戌

拙造曾載命鑑中。茲就前評所未及者言之。丙火以壬水輔映取貴。然生於三月。無形之土。充塞於天地之間。無甲木、則丙壬之氣不清。卽不足以言貴。然財星黨煞。決非商界之命。捨政就商。是南轅北轍也。論格局四柱無木。爲水火未濟。年月辰戌相冲。祖基門戶。俱動搖不定。日時兩申爲驛馬。無如丙申爲大敗馬、爲病馬。不動則已。動必顛蹶。伏櫪徒悲。所幸三丙通根戌墓。祖澤猶有迴光返照之氣。一生事業。不離祖基。然君子之澤。五世而斬。墓之後爲絕。以後祖澤盡矣。最可恨者爲兩申。日落西山。墓夜光暉。年不如年。逐漸湮沒。無術揮魯陽之戈。後死作靈光之殿。尤奇在申運驛馬發動。有坐不安立不穩之象。非出外顛蹶不止。則信乎萬事皆命定矣。又再從弟之造。

姑妄言之

壬寅
戊申
丙寅
癸巳

10己酉
20庚戌
30辛亥
40壬子
50癸丑
60甲寅

年月寅申相冲。祖基門戶。亦見動搖。六親同命。奇哉。所喜日時寅巳。由長生而臨官。步步向榮。便有蓬勃之氣。申爲驛馬。離祖基而別創事業。申宮金水相生。正偏官並透。無如戊土出干。晦丙塞壬。合去正官。貴不足取。申宮庚金財星得祿。得戊制壬。財星之氣不洩。財通門戶。富有餘矣。與戊寅造參看。富貴福澤自見。

右咸豐拾年庚申三月廿五日亥時

庚申　4 己卯
庚辰　14 戊寅
巳丑　24 丁丑
乙亥　34 丙子
　　　44 乙亥
　　　54 甲戌
　　　64 癸酉

己土卑溼。生於三月。支聚申辰亥丑。陰寒溼重。乃河沼之泥也。己土以乙木為夫星。土非丙不暖。木非丙不榮。四柱無丙。福澤未免歉薄。況年月兩庚並透。書云女命傷官格內嫌。帶財帶印福方堅。有才無印。為少福澤之徵。然申辰拱子。丑亥夾子。子為乙己之天乙貴人。夫得官貴。妻受榮封。（乙以庚為官。庚以丑為貴。）惟惜庚金太旺。無印為制。不能偕老。巳土以庚金為子星。至亥病地。主有一子。溼土寒金。無丙溫暖。晚福欠佳。恐難招耳。大運巳卯戊三運。閨房之福。寅運夫星旺地。且為驛馬。乃發動之期。丁丑丙子二十年。帶財帶印。可補原命之不足。尤以丙子為美。丙運之中。必得子息。乃一生精華之運也。乙運、乙庚作合。傷官太旺。甲辰年傷官見官。尅夫星。亥運丙火絕地。尅子息。甲戌拾年。晚運邅迍。癸運迴光返照。交入酉運。傷官旺處。逝世。此女命之貴而少福者也。

姑妄言之

二一八

右同治七年戊辰六月十三日辰時

戊辰
己未
己未
庚午

8 戊午
18 丁巳
28 丙辰
38 乙卯
48 甲寅
58 癸丑
68 壬子

己土生於未月。四柱見六重土。歸祿於時。乃稼穡格也。造化元鑰云。土臨旺未月。四柱土重。見金結局。不貴即富。蓋秋冬之稼穡格。皆喜用火。獨未月之稼穡格宜用金。書云。土逢季月見金多。終爲貴論。丙在未月尤甚。正合此造。福澤之厚。宜非尋常所能及也。地支辰午未夾巳。戊土得祿。在年上、主母家上代之貴。己土歸祿於時。主本身福祿之厚。乙木爲夫星。藏於未庫。不爲無氣。庚金爲子星。臨午位沐浴之鄉。兩子承歡。四柱無一閑神。格局清純。夫榮子貴。

大運早行南方。火炎土燥。丙辰之後。運轉東方。夫星旺地。夫貴則妻榮。雖與庚金用神相違背。然女命以夫星爲重。夫利則妻必利。惟用神值休囚之地。不免疾病爲災。煩愁擾累耳。至寅運。庚金絶地。好在以前本身未值旺運。雖行絶地。不致阻壽。丙寅年夫星謝世。在寅運中。此論壽元所以須看本身福命也。造轉入癸丑壬子運。正是土潤金生。蔗境彌甘。時爲歸宿之地。用神在時。固主晚福佳也。子運壬午年防疾厄。過此之後。壽臻耄耋。（此造所奇者。一生未行本身旺運。（金運）中年所行。爲夫星旺地。晚年所行。爲子星旺地。若在男造。爲有命無運。在女造爲福運。

姑妄言之

姑妄言之

右同治十年五月十一日未時

辛未　甲午　庚子　癸未

3乙未　13丙申　23丁酉　33戊戌　43己亥　53庚子　63辛丑

庚金生午月。月令官印當旺。又見甲木才星出干。書云。財官印綬三般物。女命逢之必旺夫。夫榮妻貴。宜足以自豪矣。無如午月庚金。臨於敗地。火旺金鎔。必以癸水爲喜用。癸水、傷官也。得祿於子。女命日支爲夫宮。子午相冲。夫婦之情。背道而馳。如生於現代。決爲離婚之命。在從前禮教束縛之下。甯委曲以求全。無適情以遂性。加以運行西北。傷官得地。夫婦之道苦矣。時見癸未。華蓋重逢。女命華蓋。一生不産。性情孤僻。六親不和。人謂睽違由於秉性乖張。不知其皆出於命賦也。今年己卯。甫交丑運。子丑相合。利於土不利於水。加以卯未相合。洩盡傷官。突然病歿。疑其非正命也。壽六十九。

右光緒二十七年十二月十六日丑時

辛丑

辛丑

壬寅

辛丑

4 壬寅
14 癸卯
24 甲辰
34 乙巳
44 丙午
54 丁未

此造三重華蓋三重金。名重蓋重金格。又寅爲刼煞。天干三辛。聚貴於寅。名亡刼聚貴。如爲男命。定主貴握重權。惜爲女命。夫子爲重。寅宮戊土爲夫星。而甲木得祿。全恃丙火財星化木生土。此一點丙火。不特破辛金之印。

調陽和之候。兼以生助夫星。吉神暗藏。其爲用大矣。書云。滿盤印蓋本無兒。運向夫行子息奇。造化夫星無刼奪。與夫旺子兩相宜。蓋滿盤印綬。本主無子。華蓋重逢。亦主不產。運行財官旺地。子息反多。此格局之奇。重在運向夫行四字。此造大運自東而南。正是向夫星旺地而行。夫旺子生。慶衍螽斯。與普通看法不同。惟重陰包裹。一點丙火陽和之氣。鬱而不伸。滴天髓所謂陽明遇金。鬱而多煩。陰濁藏火。包而多滯是也。其性情與疾病。均出於秉

姑妄言之

賦。所好運行旺地。前運卯甲。猶是食傷之鄉。恃丙火爲引化。此後正式財官旺運。又何向而不利乎。

三二

右光緒三十三年十月十八日辰時

丁未
辛亥
丙子
壬辰

5 壬子
15 癸丑
25 甲寅
35 乙卯
45 丙辰
55 丁巳

丙火生亥月。絕地。亥宮壬甲。溼木無燄。見未會局。甲木轉爲生旺。即能生丙火。此造化元鑰所以有己土混壬格也。此造亥未會局。壬水出干。夫星旺而透。論格局、煞印相生。化忌爲喜。富與貴兼。自無待言。女命更論夫子二星。年月爲母家。亥未卯綬會局。母家蔭庇之厚可見。日時爲夫家。壬水出干。得時秉令。更得子辰會局。夫家門庭之盛可知。但丙辛合。女之情向財而不向於夫。壬丁合。夫之情亦向於妾而不向於妻。丙丁、皆壬之財也。而壬丁有相合之誼。其情不在丙火而屬於偏妻。丙火恃母家蔭庇之厚。情屬於辛。壬水恃門戶聲勢之盛。情屬於丁。夫妻二人。各有一條心。各有所恃而無恐。又顯然可見也。所喜甲寅乙卯二十年大運。通水火之情。同心合意。和好無間。丙辰之後。兩不相下。勢成水火。閒氣獨多。此又富貴者家庭中、普通之現象也。

姑妄言之

姑妄言之

右宣統二年十一月二十三日未時

庚戌
戊子
癸亥
己未

7 丁亥
17 丙戌
27 乙酉
37 甲申
47 癸未
57 壬午

癸水生十一月。月令建祿。日元臨亥。水旺通根。然仲冬癸水。爲寒冬冰雪。最喜丙火陽和。壬水不出。無用戊土之需要。四柱無丙。惟年支戌宮。爲火之墓庫。迴光返照之氣。雖系出名門。家道不免中落矣。戊土爲正夫。癸合於

戊。且通根戌庫。有上蔭之扶助。不合時見己未。癸水向戊。而己土偏夫爲撓。是名招嫁不定。定主婚約遲延。所幸亥未拱卯。己土受制無力。不足以奪正夫之位。雖官煞雜見。固無傷也。年支戌宮。爲財官印所聚。出身門第。必然高貴。官星喜財相生。財者、官星之印也。戊土所恃。亦僅戌宮一點丁火。而中年所行。又是食傷印綬運。夫妻皆不過享蔭下福。所好亥未拱卯。食神臨於天乙。子嗣必有貴者。癸未之後。正可享賢郎侍養之福耳。

右民國元年正月二十七日辰時

壬子	3	壬寅
癸卯	13	辛丑
庚寅	23	庚子
庚辰	33	己亥
	43	戊戌
	53	丁酉

庚金生二月。乙木秉令。財通門户。寅卯辰氣全東方。有富甲一方之象。惟女命以夫子二星爲重。寅宮丙火爲夫星。壬癸蓋頭。溼木無燄。中年所行。皆是北方傷官運。卽使不尅。亦必不和。是夫星不明也。壬癸爲子星。引至時上入墓。且辰爲華蓋。女命華蓋。一生不產。是子星不秀也。夫子二星。兩皆不足。雖擁鉅資。不免抑鬱寡歡。或謂現在時代變更。只要金錢。何事不可爲。不知放浪形骸。亦是性質生成。性質出於秉賦。此造只有寅宮一點丙火夫星。從一而終。秉性堅貞。雖欲效法時髦而不可得也。況傷官雜出。時值華蓋。性情聰明而孤僻。其不能委蛇隨俗。乃秉性使然。女命夫子二星有缺。雖擁資鉅萬。富甲一方。難言福澤。子運庚金死地。丙火絕處。欲冀永壽・難矣。

姑妄言之

右光緒二十八年十一月廿九日卯時

壬寅	7 辛亥
壬子	11 庚戌
乙酉	21 己酉
己卯	31 戊申
	41 丁未
	51 丙午

仲冬寒木向陽。當以丙火爲先。無如寅宮丙火長生之氣。壓於壬癸之下。寒威束縛。木少生機。女命所恃者夫星也。乙酉坐下夫星。而卯爲咸池。冲動夫星。甯能安於家室。壬子紅豔桃花。臨於門户。枇杷家世。早著豔名。早年又値庚戌桃花運。其馳譽章臺。到處受人歡迎可知。己酉運夫星旺地。而冲動不甯。當屢易其夫。卯酉日月之門。臨於日時。墮胎等事。亦必難免。原命水旺木浮。如無根之草。將來申運驛馬。冲去寅宮丙火。甯能善其後乎。

民國六年五月初九日戌時

丁巳
丙午
庚子
丙戌

4丁未
14戊申
24己酉
34庚戌
44辛亥
54壬子

庚金生於午月。以子水爲恩星。丙丁並出。官煞交互得祿。正夫偏夫。皆强有力。平生閱人多矣。午爲咸池。臨於門户。枇杷家世可知。時見紅豔桃花。到處受人歡迎。庚子坐下傷官。與夫星背道而馳。夫婦意志兩岐。然夫星如此之多。下堂再嫁。不足道也。且子水夾於午戌之中。癸水屬腎。熬乾癸水。不免有腎水乾枯之病。所喜運行西方。身臨旺地。新知舊雨。應付咸宜。其享用自在。高人一等矣。

姑妄言之

東海樂吾氏 取銷紹介 改訂潤例 啓事

住址靜安寺路戈登路口一一三二弄（慶福里）九號　電話三四八二一

自昔研習命理。無非遣興消閑。而今刼後餘生。不免藉維生活。自即日起。取銷紹介。改訂潤例如下。

面談兩元	批本五元起	詳批十元
加詳二十元	五十元	一百元

面談下午二時至六時。逾時不候。　批件潤資先惠。七日回件。

以介紹券質疑。照舊通用。

外埠匯款。請註明西摩路郵局給付。

通訊處乾乾書社

秘訣公開 **樂吾隨筆**

東海徐樂吾著　　實洋五角

此書爲東海樂吾氏經驗心得之紀錄。不自矜秘。公開研究。全書分兩卷。

（一）命理一得　以筆記方式。記錄其心得經驗。

（二）姑妄言之　選錄評稿中之推論準確。業經事實證明者。詳述其所以然之故。

以上兩種皆爲從來談命者不宣之祕。其名貴可知。研習命理者。不可不讀。

樂吾隨筆提要

孟子曰。大匠能使人以規矩。不能使人巧。巧之一字。乃心得與經驗之交織。必須從熟練中得之。命理雖小道。不能外此例。以歸納方法取用。乃能剪除枝葉。獨探驪珠。以分析方法推測。乃能從一干一支相互的關係中論其休咎。故格局用神。可以提要鈎元。而推測論斷。必須心領神會。無一定方法可說。本書不辭艱困。姑從兩方面示人以推測之路。

一命理一得　以筆記方式記錄其經驗心得。皆爲從來未經人道之祕。

二姑妄言之　選錄評稿中之推論準確。業經事實證明者。詳述其所以然之故。一字一句皆有根據。非無因而發。鎔神煞用神於一爐。開子平法未有之創格。盡發從來談命者不宣之祕。知我罪我。付之公評。

子平粹言再版本提要

第一編　地支十二宮爲命理之總樞。天干之分陰分陽。以及陰陽干性質之區別。人元藏用之原理。皆從十二宮出。此理從來祕而不宣。本書從是入手。於第一編中。詳細敘述。一經道破。確定不移。入後論格局用神。咸有標準可循。自然胸有成竹。十二宮卽九宮。九宮卽後天入用之卦。乃術數所宗。不僅命理以是爲樞紐也。

第二三編　會合刑沖爲變化所由生。從來命理書。祇列其訣。不言其理。偶有論者。亦多穿鑿。本書於二三兩編中。詳述其所以然之理。以及救應之法。原原本本。皆有根據。明乎此則命造入手。自不致目迷五色。以上三編。雖爲入門初步。實爲命理之基本知識。亦爲與別種命理書不同之點。此而不明。格局用神無從說起。研習命理者。（不論已習未習）若能仔細尋繹。自不致誤入歧途。勿以其淺而忽之。

第四編　今人咸知論命以用神爲樞紐。而苦於用神之難取。不知用從體出。未知其體。焉知其用。體者。格局也。從來命理書。格用不分。所以混淆難辨。本編先明其體。從體立用。了了清楚。自有一定之標準可循。為本書之一大特色。

論用章再版本加入十干選用法一卷。以造化元鑰為藍本。摘其精義。重為敍述。加以闡明。多至四萬餘言。千變萬化。不能出其範圍。為全書精粹之所在。

從來命理書中格局多如牛毛。本編提綱挈領。加以整理。若者為正。若者為變。並詳述其所以為正為變之理。亦為本書之新貢獻。

第五編　格局高低、為人生富貴窮通分別之所在。本編說明格局高低之看法。同時將古來紛如亂絲之雜格。分別歸納為六大類而說明之。更於格局之外。詳論大運流年之看法。以及胎元、人元用事、分野經緯。均為未經人道之創論。與普通命理書不同。

第六編　子平原於五星。而古法論命為子平與五星間之過渡。讀此一編。始知子平法中格局名稱之來源。以及命理遞衍之陳跡。一一有蛛絲馬跡可尋。尤以財官食印等六神。即是五星中之天星、為從來不宣之祕。今一一加以證明。末附子平法與神煞一篇。將多如牛毛之神煞。為提綱挈領之歸納。與子平法融合為一。為革新之前導。洵談命理者劃時代之創作也。

命理四種之一

滴天髓徵義 再版

任鐵樵著

共六卷　線裝三厚册　實售一元二角

滴天髓爲明誠意伯劉基所撰。託名於京圖。義深理邃。讀者不易瞭解。自任鐵樵氏徵義出。義理始顯。復經東海樂吾氏悉心校訂。初次出版。與命理尋源雜格一覽曆算須知合印。名之爲命理四種不一年銷售一空。其價値可知。茲爲普及起見。特分別再版單行。有志研習命理者。洵當人手一編。奉爲圭臬也。

滴天髓補註

東海徐樂吾著
一卷合訂一厚册
全書四卷末附子平一得
實價洋八角

此書爲東海樂吾氏研究滴天髓時之札記。嗣應小日報主人之請。排比成書。逐日刊諸報端。一時傳誦。經整理後。另本單行。名之曰補註。補者、補徵義之缺也。有互相發明之妙。曾閱徵義者。不可不讀此書。

滴天髓輯要

陳素庵輯　一卷
實洋二角四分

滴天髓原文與原註出於明劉基一人之手。經數百年之傳抄。不免魯魚亥豕之誤。茲編經陳素庵先生訂正。提綱挈要。容易閱讀。凡研究滴天髓者。不可不參閱也。

子平眞詮評註

附入門起例
東海樂吾氏著

全書六卷　分訂二册　實洋一元

本書於命理之學。爲有統係之編次。凡八字之用神格局。成敗救應。莫不詳徵博引。條理井然。末附入門起例其推算方法。採自祕笈。爲世俗所不經見。洵命理之基礎。初學之階梯也。

命理秘本 窮通寶鑑評註

東海樂吾氏評註　分訂兩册　實洋一元

命理以用神爲樞紐。取用之法。以此書爲最精審扼要。察十干之性質隨十二月之氣候而定取捨。千變萬化不能出其範圍。學理深邃。詞不達意。世少識者。遂致湮沒不彰。東海樂吾氏於荒灘拾得。反覆研讀。不禁擊節歎賞。詫爲奇書。緣爲提要鈎元。加以評註公諸同好。一經品題。聲價十倍。凡研習命理者。洵宜人手一編。

子平四言集腋

福建廖瀛海著　上下兩册　實洋一元

廖氏精於天官五星之學。晚年聽鼓吳門感於五星之派別紛歧。不及子平之扼要。緣著是書。子平之術。出自五星。廖氏學有根底。故能窮源竟委程序井然。爲舊式命書中最有條理能扼要之書。用作參考最爲適宜。

古今名人命鑑

東海樂吾氏著　實洋兩角

此書爲民國廿二年出版。迄今已五六載其中多造。已有事實證明。無待贅述。惟名人命造。傳述多訛。校對欠精。原定價一元。現僅減售二角本社不尙虛誇。註重內容價值。可見一班。

命理秘本 造化元鑰評註出版預告

造化元鑰。即欄江網。明人所撰。爲言子平命理最精粹扼要之書。輾轉傳抄。向無刊本。清代康熙初年。流入欽天監。復經日官訂正。易名造化元鑰。至光緒中葉。又有另一抄本流入楚南余春台手。始易窮通寶鑑之名。即坊刊本也。予作窮通寶鑑評註時。徧求善本不可得。嗣經友人之介。以重價購得眞州吳氏有福讀書堂珍藏精抄秘本造化元鑰一冊。以校窮通寶鑑。文字約增四之一。命造約增三之二。而字句之間。足以校正錯誤者。尤不勝枚舉。從前窮思極想不得其解。不得已仍其舊者。得此校正。爲之恍然。其價値可見一班。爰重爲分段註評。並將近年所搜集名人命造千餘則。外附於後。藉作引證。（原擬另出名人命鑑之議取銷）爲愼重起見。屢經易稿。方敢問世。刻正整理付印。一俟出版有期。再行公告。

中華民國二十八年己卯六月初版

樂吾隨筆 第一輯

（實價國幣伍角）

編著者 東海徐樂吾 上海靜安寺路一一二三弄九號

發行者 乾乾書社 電話三四八二一

分售處 千頃堂書局 上海三馬路望平街口

各大書局

印刷者 陸記印刷所

占筮類			
1	擲地金聲搜精秘訣	心一堂編	沈氏研易樓藏稀見易占秘鈔本
2	卜易拆字秘傳百日通	心一堂編	
3	易占陽宅六十四卦秘斷	心一堂編	火珠林占陽宅風水秘鈔本
星命類			
4	斗數宣微	【民國】王裁珊	民初最重要斗數著述之一；未刪改本
5	斗數觀測錄	【民國】王裁珊	失傳民初斗數重要著作
6	《地星會源》《斗數綱要》合刊	心一堂編	失傳的第三種飛星斗數
7	《斗數秘鈔》《紫微斗數之捷徑》合刊	心一堂編	珍稀「紫微斗數」舊鈔秘本
8	斗數演例	心一堂編	
9	紫微斗數全書（清初刻原本）	題【宋】陳希夷	斗數全書本來面目；有別於錯誤極多的坊本
10－12	鐵板神數（清刻足本）——附秘鈔密碼表	題【宋】邵雍	無錯漏原版秘鈔密碼表　首次公開！
13－15	蠢子數纏度	題【宋】邵雍	蠢子數連密碼表打破數百年秘傳　首次公開！
16－19	皇極數	題【宋】邵雍	清鈔孤本附起例及完整密碼表研究神數必讀！
20－21	邵夫子先天神數	題【宋】邵雍	附手鈔密碼表研究神數必讀！
22	八刻分經定數（密碼表）	題【宋】邵雍	皇極數另一版本；附手鈔密碼表
23	新命理探原	【民國】袁樹珊	子平命理必讀教科書！
24－25	袁氏命譜	【民國】袁樹珊	
26	韋氏命學講義	【民國】韋千里	民初二大命理家南袁北韋
27	千里命稿	【民國】韋千里	
28	精選命理約言	【民國】韋千里	北韋之命理經典
29	滴天髓闡微——附李雨田命理初學捷徑	【民國】袁樹珊、李雨田	命理經典未刪改足本
30	段氏白話命學綱要	【民國】段方	民初命理經典最淺白易懂
31	命理用神精華	【民國】王心田	學命理者之寶鏡

編號	書名	作者	備註
32	命學探驪集	【民國】張巢雲	發前人所未發　稀見民初子平命理著作
33	澹園命談	【民國】高澹園	
34	算命一讀通——鴻福齊天	【民國】不空居士、覺先居士合纂	
35	子平玄理	【民國】施惕君	
36	星命風水秘傳百日通	心一堂編	
37	命理大四字金前定	題【晉】鬼谷子王詡	源自元代算命術
38	命理斷語義理源深	心一堂編	稀見清代批命斷語及活套
39-40	文武星案	【明】陸位	失傳四百年《張果星宗》姊妹篇　千多星盤命例　研究命學必備
相術類			
41	新相人學講義	【民國】楊叔和	失傳民初白話文相術書
42	手相學淺說	【民國】黃龍	民初中西結合手相學經典
43	大清相法	心一堂編	重現失傳經典相書
44	相法易知	心一堂編	
45	相法秘傳百日通	心一堂編	
堪輿類			
46	靈城精義箋	【清】沈竹礽	沈氏玄空遺珍　玄空風水必讀
47	地理辨正抉要	【清】沈竹礽	
48	《玄空古義四種通釋》《地理疑義答問》合刊	沈瓞民	
49	《沈氏玄空吹虀室雜存》《玄空捷訣》合刊	【民國】申聽禪	
50	漢鏡齋堪輿小識	【民國】查國珍、沈瓞民	失傳已久的無常派玄空經典
51	堪輿一覽	【清】孫竹田	
52	章仲山挨星秘訣（修定版）	【清】章仲山	章仲山無常派玄空珍秘　門內秘本首次公開　沈竹礽等大師尋覓一生末得之珍本！
53	臨穴指南	【清】章仲山	
54	章仲山宅案附無常派玄空秘要	心一堂編	
55	地理辨正補	【清】朱小鶴	玄空六派蘇州派代表作
56	陽宅覺元氏新書	【清】元祝垚	簡易・有效・神驗之玄空陽宅法
57	地學鐵骨秘　附　吳師青藏命理大易數	【民國】吳師青	釋玄空廣東派地學之秘
58-61	四秘全書十二種（清刻原本）	【清】尹一勺	玄空湘楚派經典本來面目　有別於錯誤極多的坊本

62	地理辨正補註 附 元空秘旨 天元五歌 玄空精髓 心法秘訣等數種合刊	【民國】胡仲言	貫通易理、巒頭、三元、三合、天星、中醫
63	地理辨正自解	【清】李思白	公開玄空家「分率尺、工部尺、量天尺」之秘
64	許氏地理辨正釋義	【民國】許錦灝	民國易學名家黃元炳力薦
65	地理辨正天玉經內傳要訣圖解	【清】程懷榮	秘訣一語道破，圖文并茂
66	謝氏地理書	【民國】謝復	玄空體用兼備、深入淺出
67	論山水元運易理斷驗、三元氣運說附紫白訣等五種合刊	【宋】吳景鸞等	失傳古本《玄空秘旨》《紫白訣》
68	星卦奧義圖訣	【清】施安仁	
69	三元地學秘傳	【清】何文源	
70	三元玄空挨星四十八局圖說	心一堂編	三元玄空門內秘笈 清鈔孤本 過去均為必須守秘不能公開秘密 與今天流行飛星法不同
71	三元挨星秘訣仙傳	心一堂編	
72	三元地理正傳	心一堂編	
73	三元天心正運	心一堂編	
74	元空紫白陽宅秘旨	心一堂編	
75	玄空挨星秘圖 附 堪輿指迷	心一堂編	
76	姚氏地理辨正圖說 附 地理九星并挨星真訣全圖 秘傳河圖精義等數種合刊	【清】姚文田等	蓮池心法 玄空六法 門內秘鈔本首次公開
77	元空法鑑批點本——附 法鑑口授訣要、秘傳玄空三鑑奧義匯鈔 合刊	【清】曾懷玉等	
78	元空法鑑心法	【清】曾懷玉等	
79	曾懷玉增批蔣徒傳天玉經補註【新修訂版原（彩）色本】	【清】項木林、曾懷玉	
80	地理學新義	【民國】俞仁宇撰	揭開連城派風水之秘
81	地理辨正揭隱（足本） 附連城派秘鈔口訣	【民國】王邈達	
82	趙連城傳地理秘訣附雪庵和尚字字金	【明】趙連城	
83	趙連城秘傳楊公地理真訣	【明】趙連城	
84	地理法門全書	仗溪子、芝罘子	巒頭風水，內容簡核、深入淺出
85	地理方外別傳	【清】熙齋上人	巒頭形勢、「望氣」「鑑神」
86	地理輯要	【清】余鵬	集地理經典之精要
87	地理秘珍	【清】錫九氏	巒頭、三合天星，圖文並茂
88	《羅經舉要》 附《附三合天機秘訣》	【清】賈長吉	清鈔孤本羅經、三合訣法圖解
89－90	嚴陵張九儀增釋地理琢玉斧巒	【清】張九儀	清初三合風水名家張九儀經典清刻原本！

心一堂術數古籍珍本叢刊　第二輯書目

占筮類			
121	卜易指南(二種)	【清】張孝宜	民國經典，補《增刪卜易》之不足
122	未來先知秘術——文王神課	【民國】張了凡	內容淺白、言簡意賅、條理分明
星命類			
123	人的運氣	汪季高(雙桐館主)	五六十年香港報章專欄結集！
124	命理尋源	【民國】徐樂吾	民國三大子平命理家徐樂吾必讀經典！
125	訂正滴天髓徵義		
126	滴天髓補註 附 子平一得		
127	窮通寶鑑評註 附 增補月談賦 四書子平		
128	古今名人命鑑		
129－130	紫微斗數捷覽(明刊孤本)[原(彩)色本] 附 點校本 (上)(下)	馮一、心一堂術數古籍整理編校小組 整理	明刊孤本 首次公開！
131	命學金聲	【民國】黃雲樵	民國名人八字、六壬奇門推命
132	命數叢譚	【民國】張雲溪	子平斗數共通、百多民國名人命例
133	定命錄	【民國】張一蟠	民國名人八十三命例詳細生平
134	《子平命術要訣》《知命篇》合刊	【民國】鄒文耀、【民國】胡仲言撰	《子平命術要訣》科學命理；《知命篇》易理皇極、命理地理、奇門六壬互通
135	科學方式命理學	閻德潤博士	匯通八字、中醫、科學原理！
136	八字提要	韋千里	民國三大子平命理家韋千里必讀經典！
137	子平實驗錄	【民國】孟耐園	作者四十多年經驗 占卜奇靈 名震全國！
138	民國偉人星命錄	【民國】囂囂子	幾乎包括所民初總統及國務總理八字！
139	千里命鈔	韋千里	失傳民初三大命理家-韋千里 代表作
140	斗數命理新篇	張開卷	現代流行的「紫微斗數」內容及形式上深受本書影響
141	哲理電氣命數學——子平部	【民國】彭仕勛	命局按三等九級格局、不同術數互通借用
142	《人鑑——命理存驗·命理擷要》(原版足本)附《林庚白家傳》	【民國】林庚白	傳統子平學修正及革新、大量名人名例
143	《命學苑苑刊——新命》(第一集)附《名造評案》《名造類編》等	【民國】林庚白、張一蟠等撰	史上首個以「唯物史觀」來革新子平命學結集
相術類			
144	中西相人探原	【民國】袁樹珊	按人生百歲，所行部位，分類詳載
145	新相術	【美國】字拉克福原著、【民國】沈有乾編譯	通過觀察人的面相身形、色澤舉止等，得知性情、能力、習慣、優缺點等
146	骨相學	【民國】風萍生編著	結合醫學中生理及心理學，影響近代西、日、中相術深遠
147	人心觀破術 附運命與天稟	【日本】管原如庵、加藤孤雁原著，【民國】唐真如譯	觀破人心、運命與天稟的奧妙

148	《人相學之新研究》《看相偶述》合刊	盧毅安	集中外大成，無不奇驗；影響近代香港相術名著
149	冰鑑集	【民國】碧湖鷗客	各家相法精華、相術捷徑、圖文並茂附名人照片
150	《現代人相百面觀》《相人新法》合刊	【民國】吳道子輯	失傳民初相學經典二種 重現人間！
151	性相論	【民國】余晉龢	民初北平公安局專論相學與犯罪專著（犯罪學生物學派）
152	《相法講義》《相理秘旨》合刊	韋千里、孟瘦梅	命理學大家韋千里經典、傳統相術秘籍精華
153	《掌形哲學》附《世界名人掌形》《小傳》	【民國】余萍客	圖文并茂、附歐美名人掌形圖及生平簡介
154	觀察術	【民國】吳貴長	可補充傳統相術之不足
堪輿類			
155	羅經消納正宗	【明】沈昇撰、【明】史自成、丁孟章合纂	失傳四庫存目珍稀風水古籍
156	風水正原	【清】余天藻	●積德為求地之本，形家必讀！ ●純宗形家，與清代欽天監地理風水主張大致相同
157	安溪地話（風水正原二集）		
158	《蔣子挨星圖》附《玉鑰匙》	傳【清】蔣大鴻等	窺知無常派章仲山一脈真傳奧秘
159	樓宇寶鑑	吳師青	陽宅風水必讀、現代城市樓宇風水看法改革
160	《香港山脈形勢論》《如何應用日景羅經》合刊		香港風水山脈形勢專著
161	三元真諦稿本——讀地理辨正指南	【民國】王元極	被譽為蔣大鴻、章仲山後第一人 內容直接了當，盡揭三元玄空家之秘
162	三元陽宅萃篇		
163	王元極增批地理冰海 附批點原本地理冰海	【清】高守中 【民國】王元極	
164	地理辨正發微	【清】唐南雅	極之清楚明白，披肝露膽
165-167	增廣沈氏玄空學 附 仲山宅斷秘繪稿本三種、自得齋地理叢說稿鈔本（上）（中）（下）	【清】沈竹礽	玄空必讀經典！附《仲山宅斷》幾種鈔本及批點本，畫龍點睛、披肝露膽，道中刊印本未點破的秘訣
168-169	巒頭指迷（上）（下）	【清】尹貞夫原著、【民國】何廷珊增訂、批注	圖文并茂：龍、砂、穴、水、星辰九十九變 洩漏天機：蔣大鴻、賴布衣挨星秘訣及用法
170-171	三元地理真傳（兩種）（上）（下）	【清】趙文鳴	蔣大鴻嫡派真傳張仲馨一脈二十種家傳秘本、宅墓案例三十八圖，並附天星擇日
172	三元宅墓圖 附 家傳秘冊		
173	宅運撮要	【民國】尤惜陰（演本法師）、榮柏雲	撮三集《宅運新案》之精要
174	章仲山秘傳玄空斷驗筆記 附 章仲山斷宅圖註	【清】章仲山傳、【清】唐鷺亭纂	無常派玄空不外傳秘中秘！二宅實例有斷驗及改造內容
175	汪氏地理辨正發微 附 地理辨正真本	【清】蔣大鴻、姜垚原著、【清】汪云吾發微	蔣大鴻嫡派張仲馨一脈三元理、法、訣具體泄露 三百年來最佳《地理辦正》註解！石破天驚！
176	蔣大鴻家傳歸厚錄汪氏圖解	【清】蔣大鴻、【清】汪云吾圖解	
177	蔣大鴻嫡傳三元地理秘書十一種批注	【清】蔣大鴻原著、【清】汪云吾、【清】劉樂山註	

178	《星氣(卦)通義(蔣大鴻秘本四十八局圖并打劫法)》《天驚秘訣》合刊	題【清】蔣大鴻 著	江西興國真傳三元風水秘本
179	蔣大鴻嫡傳天心相宅秘訣全圖附陽宅指南等秘書五種	【清】蔣大鴻編訂、【清】汪云吾、劉樂山註	蔣大鴻徒張仲馨秘傳陽宅風水「教科書」！
180	家傳三元地理秘書十三種		真天宮之秘 千金不易之寶
181	章仲山門內秘傳《堪輿奇書》附《天心正運》	【清】章仲山傳、【清】華湛恩	直洩無常派章仲山玄空風水不傳之秘
182	《挨星金口訣》、《王元極增批補圖七十二葬法訂本》合刊	[民國]王元極	秘中秘——玄空挨星真訣公開！字字千金！
183-184	《家傳三元古今名墓圖集附謝氏水鉗》《蔣氏三元名墓圖集》合刊(上)(下)	(清)孫景堂，劉樂山，張稼夫	蔣大鴻嫡傳風水宅案、幕講師、蔣大鴻、姜垚等名家多個實例，破禁公開！
185-186	《山洋指迷》足本兩種 附《尋龍歌》(上)(下)	【明】周景一	風水巒頭形家必讀《山洋指迷》足本！
187-196	蔣大鴻嫡傳水龍經注解 附 虛白廬藏珍本水龍經四種(1-10)	【清】蔣大鴻編訂、【清】楊臥雲、汪云吾、劉樂山註	蔣大鴻嫡傳一脈授徒秘笈 希世之寶 千年以來，師師相授之秘旨，破禁公開！完整了解蔣氏嫡派真傳一脈三元理、法、訣！附已知最古《水龍經》鈔本等五種稀見《水龍經》
197	批注地理辨正直解		
198	《天元五歌闡義》附《元空秘旨》(清刻原本)	【清】章仲山	無常派玄空必讀經典未刪改本！
199	心眼指要(清刻原本)		
200	華氏天心正運	【清】華湛恩	
201-202	批注地理辨正再辨直解合編(上)(下)	【清】蔣大鴻原著、【清】姚銘三再註、【清】章仲山直解	失傳姚銘三玄空經典重現人間！名家：沈竹礽、王元極推薦！
203	章仲山注《玄機賦》《元空秘旨》附《口訣中秘訣》《因象求義》等九種合刊	【清】章仲山	近三百年來首次公開！章仲山無常派玄空秘密，和盤托出！
204	章仲山門內真傳《三元九運挨星篇》《運用篇》《挨星定局篇》《口訣篇》等合刊	【清】章仲山、柯遠峰等	章仲山注《玄機賦》及章仲山原傳之口訣及筆記
205	章仲山門內真傳《大玄空秘圖訣》《天驚訣》《飛星要訣》《九星斷略》《得益錄》等合刊	【清】章仲山、冬園子等	
206	撼龍經真義	吳師青註	近代香港名家吳師青必讀經典
207	章仲山嫡傳《翻卦挨星圖》《秘鈔元空秘旨》附《秘鈔天元五歌闡義》	【清】章仲山傳、【清】王介如輯撰	透露章仲山家傳玄空嫡傳學習次弟及關鍵不傳之秘
208	章仲山嫡傳秘鈔《秘圖》《節錄心眼指要》合刊		
209	《談氏三元地理大玄空實驗》附《談養吾秘稿奇門占驗》	【民國】談養吾撰	史上首次公開「無常派」下卦起星等挨星秘密之書
210	《談氏三元地理濟世淺言》附《打開一條生路》		了解談氏入世的易學卦德爻象思想
211-215	《地理辨正集註》附《六法金鎖秘》《巒頭指迷真詮》《作法雜綴》等(1-5)	【清】尋緣居士	集《地理辨正》一百零八家註解大成精華 匯巒頭及蔣氏、六法、無常、湘楚等秘本 史上最大篇幅的《地理辨正》註解
216	三元大玄空地理二宅實驗(足本修正版)	【民國】尤惜陰(演本法師)、榮柏雲撰	三元玄空無常派必讀經典足本修正版

217	蔣徒呂相烈傳《幕講度針》附《元空秘斷》《陰陽法竅》《挨星作用》	【清】呂相烈	蔣大鴻門人呂相烈三元秘本 三百年來首次破禁公開！
218	挨星撮要（蔣徒呂相烈傳）		
219 ｜ 221	《沈氏玄空挨星圖》《沈註章仲山宅斷未定稿》《沈氏玄空學（四卷原本）》合刊（上中下）	【清】沈竹礽　等	揭開沈氏玄空挨星五行吉凶斷的變化及不同用法 章仲山宅斷未刪本、沈氏玄空學原本佚文、玄空挨星圖稿鈔本　大公開！
222	地理穿透真傳（虛白廬藏清初刻原本）	【清】張九儀	三合天星家宗師張九儀畢生地學精華結集
223 ｜ 224	地理元合會通二種（上）（下）	【清】姚炳奎	分發兩家（三元、三合）之秘，會通其用 詳解注羅盤（蔣盤、賴盤）；義理、斷驗俱 精
其他類			
225	天運占星學　附　商業周期、股市粹言	吳師青	天星預測股市，神準經典
226	易元會運	馬翰如	《皇極經世》配卦以推演世運與國運
三式類			
227	大六壬指南（清初木刻五卷足本）		六壬學占驗課案必讀經典海內善本
228 ｜ 229	甲遁真授秘集（批注本）（上）（下）	【清】薛鳳祚	明清皇家欽天監秘傳奇門遁甲 奇門、易經、皇極經世結合經典
230	奇門詮正	【民國】曹仁麟	簡易、明白、實用，無師自通！
231	大六壬探源	【民國】袁樹珊	民初三大命理家袁樹珊研究六壬四十餘年代表作
232	遁甲釋要	【民國】徐昂	推衍遁甲、易學、洛書九宮大義！
233	《六壬卦課》《河洛數釋》《演玄》合刊		疏理六壬、河洛數、太玄隱義！
234	六壬指南（【民國】黃企喬）	【民國】黃企喬	失傳經典　大量實例
選擇類			
235	王元極校補天元選擇辨正	原【清】謝少暉輯、【民國】王元極校補	三元地理天星選日必讀
236	王元極選擇辨真全書　附　秘鈔風水選擇訣	【民國】王元極	王元極天昌館選擇之要旨
237	蔣大鴻嫡傳天星選擇秘書注解三種	【清】蔣大鴻編訂、【清】楊臥雲、汪云吾、劉樂山註	蔣大鴻陰陽二宅天星擇日日課案例！
238	增補選吉探源	【民國】袁樹珊	按表檢查，按圖索驥：簡易、實用！
239	《八風考略》《九宮撰略》《九宮考辨》合刊	沈巘民	會通沈氏玄空飛星立極、配卦深義
其他類			
240	《中國原子哲學》附《易世》《易命》	馬翰如	國運、世運的推演及預言